公認会計士試験

論文式試験対策　新トレーニングシリーズ

財務会計論
計算編 7
企業結合会計編

―― TAC公認会計士講座　簿記会計研究会 ――

JN073478

TAC出版

TAC PUBLISHING Group

は し が き

　『新トレーニングシリーズ財務会計論・計算編』においては，総合問題の解き方を身に付けてもらうことを主眼として執筆・編集しています。そのため，初級・中級レベルの問題を中心に出題し，かつ，基本的な出題パターンを網羅することを心掛けました。本書を何度も繰り返し解くことによって，出題パターンに応じた解法を身に付けることができるでしょう。また，個々の論点は理解できるが，総合問題が思うように解くことができない，といった方のために，問題を効率良く解くための解法を示しています。各種資格試験は限られた試験時間内に効率よく解答しなければ，合格することは難しいので，本書を利用して効率的な解法をマスターして下さい。さらに，問題集として執筆・編集していますが，多くの受験生が間違い易い論点やまとめて覚えていた方が良い論点については詳細に解説しています。復習の際に，論点整理として利用して下さい。

　そして，本書を利用することによって，皆さんが財務会計論・計算編の総合問題を克服し，各種資格試験に合格されることを念願してやみません。

本　書　の　特　徴

　本書の主な特徴は，次の7点です。

(1)　基礎力を身に付け，総合問題対策に本格的に取り組もうという方々のために，論点複合型の総合問題を数多く取り入れています。

(2)　解答だけでなく，詳細な解説及び解法を付けています。

(3)　各問題の出題論点がわかるように，チェックポイントとして明記しています。

(4)　解説中の仕訳及び計算式には，その数値が何を意味するのかが分かるように，詳細な解説を付しています。

(5)　問題解答上，間違え易い点については解説を付しています。また，計算技術を高めるためだけでなく，その理論的背景も理解するのに必要な点，及び問題解答上必要ではないが，まとめて整理しておくことで今後の理解を促す点についても解説を付しています。

(6)　繰り返し何度も解き直してもらうために，答案用紙をコピーし易いように，別冊として付けています。なお，答案用紙は，ＴＡＣ出版書籍販売サイト・サイバーブックストアよりダウンロードサービスもご利用いただけます。下記サイトにアクセスして下さい。

https://bookstore.tac-school.co.jp/

(7)　各論点によって7分冊にし，この7冊により，財務会計論・計算編の基本的な問題が網羅できるように執筆・編集しています。

本　書　の　対　象　者

　本書は，主として公認会計士試験の受験対策用に編集された問題集ですが，総合問題への効率的なアプローチを主眼として執筆・編集しておりますので，税理士試験や日商簿記検定等の他の受験対策用としても是非，利用していただきたいです。

本 書 の 利 用 方 法

1．問題は必ずペンをもって，実際に答案用紙に記入すること。

　財務会計論・計算編の総合問題は解答数値のみならず，勘定科目等の記入も問われることがあります。特に，勘定記入や帳簿の記入・締切の問題は，答案用紙に記入するのに時間がかかるので，試験までに充分に慣れておく必要があります。

2．解き始めた時間と終了時間を必ずチェックしておき，解答時間を計ること。

　時間を意識しないトレーニングは資格受験の学習として意味がありません。制限時間の60分以内に解答できるか，各自意識して問題解答に取り組んで下さい。各問題に【解答時間及び得点】の欄を付けていますので，各自記入のうえ利用して下さい。

3．採点基準に従い，実際に採点すること。

　個々の論点を理解していても実際に点数に反映されなければ，資格受験として意味がありません。各自の実力を知るうえでも採点して下さい。なお，本書における合格点の目安は次のとおりです。各問題の【解答時間及び得点】における得点の欄を利用して記録して下さい。

　難易度A（易）：80点，難易度B（標準）：70点，難易度C（難）：60点

4．間違えた論点については，メモを取っておくこと。

　間違えた原因が論点の理解不足のためなのか，それとも単なるケアレス・ミスなのか，メモを取っておいて下さい。各自の理解していない論点やケアレス・ミスしやすい論点がわかります。【解答時間及び得点】及び【チェック・ポイント】を利用して，メモを取って下さい。

5．60分の制限時間内に問題が解けるようになるまで，何度も繰り返し解くこと。

　目安としては最低限，各問題を3回は解いてもらいたいです。答案用紙は1部しかないので，あらかじめコピーを取っておくか，ＴＡＣ出版書籍販売サイト・サイバーブックストアよりダウンロードすると良いでしょう。

6．ＴＡＣ公認会計士講座の財務会計論・計算編のカリキュラムとの対応。

　　本書の問題とＴＡＣ公認会計士講座の講義内容との対応については、ＴＡＣ出版書籍販売サイト・サイバーブックストアよりご確認いただけます。下記サイトにアクセスして下さい。「読者様限定　書籍連動ダウンロードサービス」のコーナーよりダウンロードしていただけます。

https://bookstore.tac-school.co.jp/

CONTENTS

別冊／答案用紙

問　題／
解答・解説

問題① 企業結合・事業分離①

問題 1 KK社は×1年4月1日にM社を吸収合併した（存続会社及び取得企業はKK社，合併対価はKK社株式である）。以下の〔資料〕に基づいて，各問に答えなさい。なお，各社の会計期間は3月31日を決算日とする1年である。また，税効果会計は考慮しない。

問 1 KK社の合併後個別貸借対照表における以下の各項目の金額を求めなさい。
① 無形固定資産（のれんを除く）　② のれん　③ 資本金　④ 利益剰余金

問 2 KK社の合併後連結貸借対照表における以下の各項目の金額を求めなさい。
① のれん　② 諸負債（企業結合に係る特定勘定を除く負債合計）　③ 利益剰余金
④ その他有価証券評価差額金

〔資料〕 KK社によるM社の吸収合併に関する事項
1. ×1年3月31日における貸借対照表（単位：千円）

KK社貸借対照表

借　方	金　額	貸　方	金　額
諸　　資　　産	811,500	諸　　負　　債	363,280
M　社　株　式	12,500	資　　本　　金	190,000
		資　本　剰　余　金	189,220
		利　益　剰　余　金	75,000
		その他有価証券評価差額金	6,500
合　　計	824,000	合　　計	824,000

M社貸借対照表

借　方	金　額	貸　方	金　額
諸　　資　　産	398,000	諸　　負　　債	72,000
		資　　本　　金	119,400
		資　本　剰　余　金	1,700
		利　益　剰　余　金	201,900
		その他有価証券評価差額金	3,000
合　　計	398,000	合　　計	398,000

2．合併期日におけるKK社の諸資産の時価は 820,000千円，M社の諸資産の時価は 412,000千円である。M社の諸資産には，その他有価証券（取得原価12,200千円，時価15,200千円）が含まれている。なお，KK社は以前よりM社株式25株（取得原価＠ 400千円，×1年3月31日における時価＠ 500千円）をその他有価証券として保有している。また，諸負債については簿価と時価に乖離はない。

3．M社が保有する顧客リスト（M社貸借対照表価額ゼロ，合理的な評価額 4,400千円）は分離して譲渡可能な無形資産であると判断されたため，識別可能資産として取り扱う。

4．合併後にM社の人員削減に伴う割増退職金 5,800千円が生じることが予測されている。なお，当該費用の見積額は取得の対価に反映されている。

5．合併期日におけるKK社の株価は 580千円，M社の株価は 500千円である。

6．吸収合併直前におけるKK社の発行済株式数は 2,400株であり，M社の発行済株式数は 800株である。なお，合併比率（KK社：M社）は1： 0.8とし，払込資本は全額資本金とする。また，KK社が保有するM社株式には，KK社株式を交付しない。

7．KK社は，合併にあたって専門家の助言を得ており，報酬として 600千円を×1年4月末に支払う予定である（未処理，KK社の諸負債として処理する）。

8．KK社は子会社を有し，連結財務諸表を作成しているが，子会社の影響は無視すること。

問題2 次の〔資料〕に基づいて，以下の各問に答えなさい。なお，各社の会計期間は3月31日を決算日とする1年である。

〔資料Ⅰ〕 各社の個別貸借対照表（単位：千円）

A社	X1年期末	X2年期末 （合併直前）	X3年期末 （株式移転直前）
諸 資 産	590,000	600,000	1,001,200
土 地	60,000	60,000	78,600
の れ ん	—	—	3,600
B 社 株 式	282,000	282,000	—
C 社 株 式	190,000	190,000	190,000
諸 負 債	226,400	203,100	237,400
資 本 金	510,000	510,000	582,000
資本剰余金	100,000	100,000	99,000
利益剰余金	285,600	318,900	355,000

（注） A社の諸資産，土地及び諸負債の簿価と時価の乖離はない。

B社	X1年期末	X2年期末 （合併直前）
諸 資 産	418,000	443,400
土 地	18,600	18,600
諸 負 債	94,600	110,000
資 本 金	322,000	322,000
利益剰余金	20,000	30,000

（注） X1年期末及びX2年期末における，B社の諸資産の時価は 421,000千円及び 447,000千円である。なお，土地及び諸負債については簿価と時価の乖離はない。

C社	X1年期末	X2年期末	X3年期末 （株式移転直前）
諸 資 産	370,000	393,000	410,000
土 地	24,800	24,800	47,800
諸 負 債	114,800	114,800	137,800
資 本 金	253,000	253,000	253,000
利益剰余金	27,000	50,000	67,000

（注） X1年期末，X2年期末及びX3年期末における，C社の諸資産の時価は 390,000千円， 420,000千円及び 435,000千円である。なお，土地及び諸負債については簿価と時価の乖離はない。

〔資料Ⅱ〕　経過

　X1年期末

　　A社はB社株式を 282,000千円で取得し，持分比率は80％となった。また，A社はC社株式を 190,000千円で取得し，持分比率は60％となった。

　X3年期首

　　A社はB社を吸収合併した（存続会社はA社）。合併に際して，B社の非支配株主に新株 400株を発行した。合併期日におけるA社の株価は 180千円である。また，A社は増加資本の額を全額資本金とした。

　X3年期末

　　A社とC社は株式移転により完全親会社AC社を設立した。A社の発行済株式数は 1,200株，C社の発行済株式数は 375株であり，株式移転比率は1：0.8である。株式移転に際して，AC社は株式を 1,500株発行し，A社株主に 1,200株，C社株主に 300株（A社に 180株，C社の非支配株主に 120株）を発行した。なお，株式移転日におけるA社の株価は＠ 1,180千円である。また，AC社は増加資本の額のうち 500,000千円を資本金とし，残額は資本剰余金とした。

〔資料Ⅲ〕　解答上の留意事項

　1．のれんは発生した期より5年間にわたって定額法により償却する。なお，のれんが期末に生じた場合には，償却は翌期から開始する。
　2．税効果会計は考慮しない。
　3．文中に明記されている以外には，登場する会社間に取引はない。
　4．A社，B社及びC社は剰余金の配当を行っていない。
　5．諸資産の評価差額の実現は無視すること。

問1　X2年期末のA社の連結貸借対照表における以下の各項目の金額を求めなさい。
　　①　諸資産（のれん及び土地を除く資産合計）　②　のれん　③　利益剰余金　④　非支配株主持分

問2　X3年期首のA社の合併後個別貸借対照表における以下の各項目の金額を求めなさい。
　　①　諸資産（のれん，C社株式及び土地を除く資産合計）　②　のれん　③　利益剰余金

問3　X3年期末のAC社の株式移転後個別貸借対照表における以下の各項目の金額を求めなさい。
　　①　A社株式　②　C社株式　③　資本剰余金

問4　X3年期末のAC社の株式移転後連結貸借対照表における以下の各項目の金額を求めなさい。
　　①　諸資産（のれん及び土地を除く資産合計）　②　のれん　③　資本金　④　資本剰余金
　　⑤　利益剰余金　⑥　自己株式

問題3 甲社は当期末に乙社を吸収合併した（存続会社は甲社，合併対価は甲社株式である）。以下の〔資料〕に基づいて各問に答えなさい。なお，各社の会計期間は3月31日を決算日とする1年であり，税効果会計は考慮しない。また，金額がゼロの場合には「―」を記入すること。

〔資料〕 甲社による乙社の吸収合併に関する事項

1．吸収合併直前における各社の貸借対照表（単位：千円）

甲社貸借対照表

借　方	金　額	貸　方	金　額
諸　資　産	285,000	諸　負　債	120,000
		資　本　金	137,000
		資本剰余金	15,000
		利益剰余金	13,000
合　計	285,000	合　計	285,000

乙社貸借対照表

借　方	金　額	貸　方	金　額
諸　資　産	220,000	諸　負　債	72,000
		資　本　金	92,500
		利益剰余金	54,000
		その他有価証券評価差額金	1,500
合　計	220,000	合　計	220,000

2．甲社の諸資産の時価は 297,000千円である。また，乙社の諸資産の時価は 240,000千円であり，両社とも負債の時価は帳簿価額と同額である。

3．合併期日における甲社の株価は 780千円，乙社の株価は 2,400千円である。

4．吸収合併直前における甲社の発行済株式数は 200株であり，乙社の発行済株式数は 120株である。なお，合併比率（甲社：乙社）1：2.5とし，払込資本は全額資本剰余金とする。

問1 甲社の合併後個別貸借対照表における以下の各項目の金額を求めなさい。
① 諸資産 ② のれん ③ 資本剰余金 ④ その他有価証券評価差額金

問2 甲社の合併後連結貸借対照表における以下の各項目の金額を求めなさい。また，甲社は子会社を有し連結財務諸表を作成しているが，子会社の影響は無視すること。
① 諸資産 ② のれん ③ 資本金 ④ 資本剰余金 ⑤ 利益剰余金

問題4　ＳＨ社の吸収分割に関する下記の〔資料〕に基づいて，以下の各問に答えなさい。

〔資料Ⅰ〕　解答上の留意事項

1．ＳＨ社及びＡ社の当事業年度は，×5年3月31日を決算日とする1年である。

2．のれんは，発生年度の翌年度から5年間にわたり定額法により償却する。

3．ＳＨ社とＡ社の間には議決権比率以外の支配関係を示す一定の事実は存在しない。

4．Ａ社は剰余金の配当を行っていない。

5．増加すべき払込資本は全額資本金とする。

6．税効果会計は無視する。

7．金額がゼロの場合には「―」を記入する。

〔資料Ⅱ〕　Ａ社に関する事項

1．Ａ社の資本勘定の推移は以下のとおりである。

	資本金	利益剰余金
×3年3月31日	960,000千円	160,000千円
×4年3月31日	960,000千円	260,800千円

2．Ａ社の資産及び負債に簿価と時価との乖離は生じていない。

3．吸収分割直前のＡ社の時価は 1,620,000千円である。

〔資料Ⅲ〕　吸収分割直前個別貸借対照表（単位：千円）

貸 借 対 照 表

×5年3月31日

資　産	ＳＨ社	Ａ　社	負債・純資産	ＳＨ社	Ａ　社
諸　資　産	？	1,524,800	諸　負　債	776,800	164,800
Ｘ事業資産	192,000	―	Ｘ事業負債	48,000	―
Ａ社株式	？	―	資　本　金	5,000,000	960,000
			資本剰余金	600,000	―
			利益剰余金	1,347,200	400,000
合　計	7,772,000	1,524,800	合　計	7,772,000	1,524,800

（注）Ｘ事業資産の時価は 208,000千円，Ｘ事業負債の時価は48,000千円，Ｘ事業全体の時価は 180,000千円である。

問1　以下の〔ケース1〕の状況において，空欄ア〜カに当てはまる金額を答案用紙の所定の欄に記入しなさい。

〔ケース1〕

1．ＳＨ社は，×3年3月31日にＡ社発行済株式総数の70%を 819,000千円で取得し，Ａ社を子会社とした。

2．ＳＨ社は×5年3月31日にＸ事業をＡ社に移転し，対価として現金 180,000千円（諸資産で処理）を受け取った。

3．吸収分割後個別貸借対照表（単位：千円）

貸 借 対 照 表

×5年3月31日

資　産	ＳＨ社	Ａ　社	負債・純資産	ＳＨ社	Ａ　社
諸　資　産	?	?	諸　負　債	776,800	164,800
Ｘ事業資産	—	ア	Ｘ事業負債	—	?
の　れ　ん	—	イ	資　本　金	5,000,000	960,000
Ａ社株式	?	—	資本剰余金	600,000	—
			利益剰余金	ウ	400,000
合　計	?	?	合　計	?	?

4．吸収分割後連結貸借対照表（単位：千円）

連 結 貸 借 対 照 表

×5年3月31日

諸　資　産	?	諸　負　債	941,600
Ｘ事業資産	?	Ｘ事業負債	?
の　れ　ん	エ	資　本　金	5,000,000
		資本剰余金	600,000
		利益剰余金	オ
		非支配株主持分	カ
資産合計	?	負債・純資産合計	?

問2　以下の〔ケース2〕の状況において，空欄キ～セに当てはまる金額を答案用紙の所定の欄に記入しな
さい。

〔ケース2〕
1．ＳＨ社は，×3年3月31日にＡ社発行済株式総数の70%を 819,000千円で取得し，Ａ社を子会社とした。
2．ＳＨ社は，×5年3月31日にＸ事業をＡ社に移転し，対価としてＡ社株式（すべて新株）を受け取った。
3．当該吸収分割によりＳＨ社の対Ａ社持分比率は73%になった。
4．吸収分割後個別貸借対照表（単位：千円）

貸 借 対 照 表

×5年3月31日

資　産	ＳＨ社	Ａ　社	負債・純資産	ＳＨ社	Ａ　社
諸　資　産	？	？	諸　負　債	776,800	164,800
Ｘ事業資産	―	ク	Ｘ事業負債	―	？
の　れ　ん	―	ケ	資　本　金	5,000,000	サ
Ａ社株式	キ	―	資本剰余金	600,000	―
			利益剰余金	コ	400,000
合　計	？	？	合　計	？	？

5．吸収分割後連結貸借対照表（単位：千円）

連 結 貸 借 対 照 表

×5年3月31日

諸　資　産	？	諸　負　債	941,600
Ｘ事業資産	？	Ｘ事業負債	？
の　れ　ん	シ	資　本　金	5,000,000
		資本剰余金	ス
		利益剰余金	？
		非支配株主持分	セ
資産合計	？	負債・純資産合計	？

問3　以下の〔ケース３〕の状況において，空欄ソ～テに当てはまる金額を答案用紙の所定の欄に記入しなさい。なお，ＳＨ社は他に子会社を有し連結財務諸表を作成しているが，当該他の子会社の影響は無視すること。

〔ケース３〕

1．ＳＨ社は，×３年３月31日にＡ社発行済株式総数の30%を 351,000千円で取得し，Ａ社を関連会社とした。

2．ＳＨ社は×５年３月31日にＸ事業をＡ社に移転し，対価として現金 180,000千円（諸資産で処理）を受け取った。

3．吸収分割後個別貸借対照表（単位：千円）

貸 借 対 照 表

×５年３月31日

資　産	ＳＨ社	Ａ　社	負債・純資産	ＳＨ社	Ａ　社
諸　資　産	？	？	諸　負　債	776,800	164,800
Ｘ事業資産	―	ソ	Ｘ事業負債	―	？
の　れ　ん	―	タ	資　本　金	5,000,000	960,000
Ａ社株式	？	―	資本剰余金	600,000	―
			利益剰余金	チ	400,000
合　計	？	？	合　計	？	？

4．吸収分割後連結貸借対照表（単位：千円）

連 結 貸 借 対 照 表

×５年３月31日

諸　資　産	ツ	諸　負　債	776,800
Ａ　社　株　式	テ	資　本　金	5,000,000
		資　本　剰　余　金	600,000
		利　益　剰　余　金	？
資　産　合　計	？	負債・純資産合計	？

問4 以下の〔ケース４〕の状況において，空欄ト～ハに当てはまる金額を答案用紙の所定の欄に記入しなさい。なお，ＳＨ社は他に子会社を有し連結財務諸表を作成しているが，当該他の子会社の影響は無視すること。

〔ケース４〕

1．ＳＨ社は，×３年３月31日にＡ社発行済株式総数の30％を 351,000千円で取得し，Ａ社を関連会社とした。

2．ＳＨ社は，×５年３月31日にＸ事業をＡ社に移転し，対価としてＡ社株式（すべて新株）を受け取った。

3．当該吸収分割によりＳＨ社の対Ａ社持分比率は37％になった。

4．吸収分割後個別貸借対照表（単位：千円）

貸 借 対 照 表

×５年３月31日

資 産	ＳＨ社	Ａ 社	負債・純資産	ＳＨ社	Ａ 社
諸 資 産	？	？	諸 負 債	776,800	164,800
Ｘ事業資産	－	ナ	Ｘ事業負債	－	？
の れ ん	－	ニ	資 本 金	5,000,000	ネ
Ａ 社 株 式	ト	－	資 本 剰 余 金	600,000	－
			利 益 剰 余 金	ヌ	400,000
合 計	？	？	合 計	？	？

5．吸収分割後連結貸借対照表（単位：千円）

連 結 貸 借 対 照 表

×５年３月31日

諸 資 産	ノ	諸 負 債	776,800
Ａ 社 株 式	ハ	資 本 金	5,000,000
		資 本 剰 余 金	600,000
		利 益 剰 余 金	？
資 産 合 計	？	負債・純資産合計	？

問5 以下の〔ケース5〕の状況において，空欄ヒ～ヘに当てはまる金額を答案用紙の所定の欄に記入しなさい。

〔ケース5〕

1. ＳＨ社は，吸収分割前にＡ社株式を保有していない。

2. ＳＨ社は×5年3月31日にＸ事業をＡ社に移転し，対価として現金 180,000千円（諸資産で処理）を受け取った。

3. 吸収分割後個別貸借対照表（単位：千円）

貸 借 対 照 表

×5年3月31日

資 産	ＳＨ社	Ａ 社	負債・純資産	ＳＨ社	Ａ 社
諸 資 産	？	？	諸 負 債	776,800	164,800
Ｘ事業資産	－	ヒ	Ｘ事業負債	－	？
の れ ん	－	フ	資 本 金	5,000,000	960,000
Ａ 社 株 式	？	－	資本剰余金	600,000	－
			利益剰余金	ヘ	400,000
合 計	？	？	合 計	？	？

問6 以下の〔ケース6〕の状況において，空欄ホ～メに当てはまる金額を答案用紙の所定の欄に記入しなさい。

〔ケース6〕

1. ＳＨ社は，吸収分割前にＡ社株式を保有していない。

2. ＳＨ社は，×5年3月31日にＸ事業をＡ社に移転し，対価としてＡ社株式（すべて新株）を受け取った。

3. 当該吸収分割によりＳＨ社の対Ａ社持分比率は10％になった。

4. 吸収分割後個別貸借対照表（単位：千円）

貸 借 対 照 表

×5年3月31日

資 産	ＳＨ社	Ａ 社	負債・純資産	ＳＨ社	Ａ 社
諸 資 産	？	？	諸 負 債	776,800	164,800
Ｘ事業資産	－	マ	Ｘ事業負債	－	？
の れ ん	－	ミ	資 本 金	5,000,000	メ
Ａ 社 株 式	ホ	－	資本剰余金	600,000	－
			利益剰余金	ム	400,000
合 計	？	？	合 計	？	？

【MEMO】

【解 答】

（注）「△」等の符号は付さないこと。

問題1 （単位：千円）

問1

①	4,400	②	31,000	③	549,600	④	74,400

問2

①	33,500	②	435,880	③	76,900	④	4,000

問題2 （単位：千円）

問1

①	1,459,400	②	12,800	③	337,500	④	200,200

問2

①	1,046,400	②	4,800	③	325,700

問3

①	1,036,000	②	351,600	③	887,600

問4

①	1,431,200	②	9,600	③	500,000	④	507,000
⑤	375,000	⑥	190,000				

問題3 （単位：千円）

問1

①	505,000	②	—	③	161,500	④	1,500

問2

①	517,000	②	15,000	③	137,000	④	147,500
⑤	54,000						

問題4

問 1

ア	192,000	イ	36,000	ウ	1,383,200	エ	21,000
オ	1,501,200	カ	408,000				

問 2

キ	963,000	ク	192,000	ケ	—	コ	1,347,200
サ	1,104,000	シ	21,000	ス	601,920	セ	406,080

問 3

ソ	208,000	タ	20,000	チ	1,383,200	ツ	7,409,000
テ	406,200						

問 4

ト	495,000	ナ	208,000	ニ	20,000	ヌ	1,347,200
ネ	1,140,000	ノ	7,229,000	ハ	583,680		

問 5

ヒ	208,000	フ	20,000	ヘ	1,383,200

問 6

ホ	180,000	マ	208,000	ミ	20,000	ム	1,383,200
メ	1,140,000						

【採点基準】

| 問題1 | ～ | 問題3 | 2点×33箇所＋ | 問題4 | 1点×34箇所＝100点 |

【解答時間及び得点】

	日　付	解答時間	得　点	Ｍ　Ｅ　Ｍ　Ｏ
1	／	分	点	
2	／	分	点	
3	／	分	点	
4	／	分	点	
5	／	分	点	

【チェック・ポイント】

出題分野	出題論点	日　付				
		／	／	／	／	／
企　業　結　合	吸　　収　　合　　併					
	逆　　　取　　　得					
	共　通　支　配　下　の　取　引					
事　業　分　離	受取対価が現金等の財産のみの場合					
	受取対価が分離先企業の株式のみの場合					

【解答への道】（単位：千円）

問題1

Ⅰ．個別上の処理

　1．合併仕訳（ＫＫ社，パーチェス法）

（借）	その他有価証券評価差額金	2,500	（貸）	Ｍ　社　株　式	2,500（*1）
（借）	諸　　資　　産	412,000（*2）	（貸）	諸　　負　　債	72,000（*2）
	無　形　固　定　資　産	4,400		企業結合に係る特定勘定	5,800
	の　　れ　　ん	31,000（*5）		資　　本　　金	359,600（*3）
				Ｍ　社　株　式	10,000（*4）
（借）	利　益　剰　余　金 （支　払　手　数　料）	600（*6）	（貸）	諸　　負　　債 （未　　払　　金）	600

　（*1）　（×1.3/31時価@500－取得原価@400）×25株＝2,500

　（注）　支配を獲得するに至った個々の取引ごとの原価合計額をもって被取得企業の取得原価（個別上の取得
　　　　原価）とする。したがって，前期末に時価評価されているＭ社株式の時価評価差額を振り戻す。

　（*2）　時価

　（*3）　ＫＫ社株価@580×交付株式数620株（*7）＝359,600

　（*4）　取得原価@400×25株＝10,000

　（*5）　取得原価369,600（*8）－取得原価の配分額｛（412,000（*2）＋4,400－（72,000（*2）＋5,800）｝＝31,000

　（*6）　取得関連費用

　（注）　取得関連費用（外部のアドバイザー等に支払った特定の報酬・手数料等）は発生した事業年度の費用
　　　　として処理する。

　（*7）　（Ｍ社の発行済株式数800株－抱合株式25株）×合併比率0.8＝620株

　（*8）　359,600（*3）＋10,000（*4）＝369,600

　2．吸収合併後ＫＫ社個別貸借対照表（×1年4月1日， 問1 の解答）

ＫＫ社個別貸借対照表

借　　方	金　　額	貸　　方	金　　額
諸　　資　　産	1,223,500	諸　　負　　債	435,880
無　形　固　定　資　産	①　4,400	企業結合に係る特定勘定	5,800
の　　れ　　ん	②　31,000	資　　本　　金	③　549,600
		資　本　剰　余　金	189,220
		利　益　剰　余　金	④　74,400
		その他有価証券評価差額金	4,000
合　　計	1,258,900	合　　計	1,258,900

（参考1）　企業結合の会計処理
1．取　得

　　　原則として，企業結合は「取得」として扱われ，「パーチェス法」により処理する。なお，取得とは，ある企業（取得企業）が他の企業（被取得企業）又は企業を構成する事業に対する支配を獲得することをいう。

2．パーチェス法

　　　パーチェス法とは，被取得企業から受入れる資産及び負債の取得原価を，対価として交付する現金及び株式等の時価（公正価値）とする方法である。

3．取得原価の算定
　(1) 基本原則

　　　被取得企業又は取得した事業の取得原価は，原則として，取得の対価（支払対価）となる財の企業結合日における時価で算定する。

　　① 支払対価が現金の場合

　　　取得の対価は，現金の支出額とする。

　　② 支払対価が現金以外の資産の引渡，負債の引受又は株式の交付の場合

　　　支払対価となる財の時価と被取得企業又は取得した事業の時価のうち，より高い信頼性をもって測定可能な時価で算定する。

　(2) 株式の交換の場合の算定方法

　　　市場価格のある取得企業等の株式が取得の対価として交付される場合には，取得の対価となる財の時価は，原則として，企業結合日における株価を基礎にして算定する。

> 取得原価 ＝ 企業結合日における取得企業株式の株価 × 交付株式数

(3) 取得が複数の取引により達成された場合（段階取得）の算定方法

① 個別財務諸表上

支配を獲得するに至った個々の取引ごとの原価合計額をもって，被取得企業の取得原価（**個別上の取得原価**）とする。

> 個別上の取得原価 ＝ 取得企業が交付する取得企業の株式の時価
> ＋ 支配獲得前に取得した被取得企業の株式の帳簿価額

② 連結財務諸表上

支配を獲得するに至った個々の取引すべての企業結合日における時価をもって，被取得企業の取得原価（**連結上の取得原価**）とする。

> 連結上の取得原価 ＝ 取得企業が交付する取得企業の株式の時価
> ＋ 支配獲得前に取得した被取得企業の株式の企業結合日における時価

「連結上の取得原価」と「個別上の取得原価」との差額は，当期の「**段階取得に係る差損益（特別損益）**」として処理する。

また，持分法適用関連会社と企業結合した場合には，「連結上の取得原価」と「**持分法による評価額（持分法上の簿価）**」との差額を，当期の「**段階取得に係る差損益（特別損益）**」として処理する。

> 段階取得に係る差損益 ＝ 連結上の取得原価 － 個別上の取得原価又は持分法上の簿価

(4) 取得関連費用の会計処理

取得関連費用（外部のアドバイザー等に支払った特定の報酬・手数料等）は発生した事業年度の費用として処理する。

4．取得原価の配分方法

取得原価は，被取得企業から受け入れた資産及び引き受けた負債のうち企業結合日時点において識別可能なもの（識別可能資産及び負債）の企業結合日時点の時価を基礎として，当該資産及び負債に対して配分する。

なお，受け入れた資産に法律上の権利など分離して譲渡可能な無形資産が含まれる場合には，当該無形資産は識別可能なものとして取り扱う。

取得原価が取得した資産及び引き受けた負債に配分された純額を上回る場合には，その超過額は**のれん**として，下回る場合には，その不足額は**負ののれん**として処理する。

5．取得企業の増加資本の会計処理

(1) 新株を発行した場合

　　払込資本（資本金又は資本剰余金）を増加させる。

(2) 自己株式を処分した場合

　　増加資本の額（自己株式の処分の対価。新株の発行と自己株式の処分を同時に行った場合には，新株の発行と自己株式の処分の対価の額）から処分した**自己株式の帳簿価額を控除**した額を**払込資本の増加（当該差額がマイナスの場合にはその他資本剰余金の減少）**として処理する。

　　なお，増加すべき払込資本の内訳項目（資本金，資本準備金又はその他資本剰余金）は会社法の規定に基づき決定する。

6．企業結合に係る特定勘定への取得原価の配分

(1) 意　義

　　「取得後に発生することが予測される特定の事象に対応した費用又は損失(*1)」であって，その発生の可能性が「取得の対価の算定に反映されている場合(*2)」には，**負債として認識する。当該負債を「企業結合に係る特定勘定」**という。

(*1)　「取得後に発生することが予測される特定の事象に対応した費用又は損失」とは，企業結合日において，一般に公正妥当と認められる企業会計の基準の下で認識される識別可能負債に該当しないもののうち，企業結合日後に発生することが予測され，被取得企業に係る特定の事象に対応した費用又は損失をいう。

　　　なお，企業結合に係る特定勘定として負債計上する費用又は損失としては，例えば以下のものが考えられる。

　　　　i　人員の配置転換や再教育費用

　　　　ii　割増（一時）退職金

　　　　iii　訴訟案件等に係る偶発債務

　　　　iv　工場用地の公害対策や環境整備費用

　　　　v　資産の処分に係る費用

(*2)　「取得の対価の算定に反映されている場合」とは，次のいずれかの要件を満たしている場合をいう。

　　　　i　当該事象及びその金額が契約条項等（結合当事企業の合意文書）で明確にされていること

　　　　ii　当該事象が契約条項等で明確にされ，当該事象に係る金額が取得の対価（株式の交換比率等）の算定にあたり重視された資料に含まれ，当該事象が反映されたことにより，取得の対価が減額されていることが取得企業の取締役会議事録等により確認できること

　　　　iii　当該事象が取得の対価の算定にあたって考慮されていたことが企業結合日現在の事業計画等により明らかであり，かつ当該事象に係る金額が合理的に算定されること

(2) 会計処理

① 企業結合日

(借)	諸　　　資　　　産	×××(*1)	(貸)	諸　　　負　　　債	×××(*1)
	の　　　れ　　　ん	×××(*4)		企業結合に係る特定勘定 （負　　　　　　債）	×××(*2)
				資　　　本　　　金	×××(*3)

(*1)　時価

(*2)　**予測される特定の事象に対応した費用又は損失（取得の対価の算定に反映されている金額）**

(*3)　取得企業株式の企業結合日における株価×交付株式数

(*4)　貸借差額

② 取　崩

企業結合に係る特定勘定は，**認識の対象となった事象が発生した事業年度又は当該事象が発生しない**ことが明らかになった事業年度に取り崩す。

(借)	企 業 結 合 に 係 る 特 定 勘 定 （負　　　　　　　　　債）	×××	(貸)	費　用　又　は　損　失	×××

なお，当該事象が発生しないことが明らかになった場合の取崩額は，原則として，特別利益に計上する。

(借)	企 業 結 合 に 係 る 特 定 勘 定 （負　　　　　　　　　債）	×××	(貸)	企業結合に係る特定勘定取崩益 （特　　別　　利　　益）	×××

(3) 財務諸表表示

「企業結合に係る特定勘定」は，原則として「**固定負債**」として表示し，その主な内容及び金額を連結貸借対照表及び個別貸借対照表に注記する。なお，認識の対象となった事象が貸借対照表日後1年内に発生することが明らかなものは「**流動負債**」として表示する。

Ⅱ．連結上の処理

1．連結修正仕訳

| (借) の れ ん | 2,500 | (貸) 利 益 剰 余 金 | 2,500(*1) |
| | | （段 階 取 得 に 係 る 差 益） | |

(*1) （企業結合日におけるM社株式の時価@500－取得原価@400）×25株＝2,500

(注)　連結上は，支配を獲得するに至った個々の取引すべての企業結合日における時価をもって，被取得企業の取得原価（連結上の取得原価）とする。また，「連結上の取得原価」と「個別上の取得原価」との差額は当期の「段階取得に係る差損益」として処理する。したがって，ＫＫ社が保有していたM社株式の企業結合日における時価（連結上の取得原価）12,500（＠500×25株）と帳簿価額（個別上の取得原価）10,000の差額2,500を当期の「段階取得に係る差益」とし，これに見合う金額は「のれんの修正」として処理する。

2．吸収合併後ＫＫ社連結貸借対照表（×1年4月1日，　問2　の解答）

ＫＫ社連結貸借対照表

借　方	金　額	貸　方	金　額
諸　資　産	1,223,500	諸　負　債	② 435,880
無 形 固 定 資 産	4,400	企業結合に係る特定勘定	5,800
の　れ　ん	① 33,500	資　本　金	549,600
		資 本 剰 余 金	189,220
		利 益 剰 余 金	③ 76,900
		その他有価証券評価差額金	④ 4,000
合　計	1,261,400	合　計	1,261,400

問題2

Ⅰ．Ｘ２年期末連結修正仕訳等

1．Ｂ社に係る連結修正仕訳等

(1) 諸資産に係る評価差額の計上

(借) 諸　資　産	3,000	(貸) 評　価　差　額	3,000(*1)

(*1)　Ｘ１年期末時価421,000－簿価418,000＝3,000

(2) タイム・テーブル

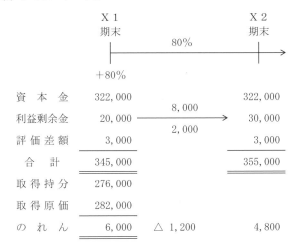

	Ｘ１期末		Ｘ２期末
資　本　金	322,000		322,000
利益剰余金	20,000	8,000 / 2,000	30,000
評価差額	3,000		3,000
合　計	345,000		355,000
取得持分	276,000		
取得原価	282,000		
の　れ　ん	6,000	△ 1,200	4,800

（80%、＋80%）

(3) 開始仕訳

(借) 資　　本　　金	322,000	(貸) Ｂ　社　株　式	282,000
利　益　剰　余　金	20,000	非支配株主持分	69,000(*1)
評　価　差　額	3,000		
の　れ　ん	6,000		

(*1)　T/T 資本合計345,000×非支配株主持分比率20%＝69,000

(4) 当期純利益の按分

(借) 利　益　剰　余　金 （非支配株主に帰属する当期純損益）	2,000(*1)	(貸) 非支配株主持分	2,000

(*1)　（Ｘ２年期末利益剰余金30,000－Ｘ１年期末利益剰余金20,000）×非支配株主持分比率20%＝2,000

(5) のれんの償却

(借) 利　益　剰　余　金 （の　れ　ん　償　却　額）	1,200	(貸) の　れ　ん	1,200

2．C社に係る連結修正仕訳等

(1) 諸資産に係る評価差額の計上

| (借) | 諸 資 産 | 20,000 | (貸) | 評 価 差 額 | 20,000(*1) |

(*1) X1年期末時価390,000－簿価370,000＝20,000

(2) タイム・テーブル

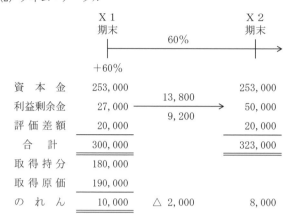

	X1 期末		X2 期末
資 本 金	253,000		253,000
利 益 剰 余 金	27,000	13,800 / 9,200	50,000
評 価 差 額	20,000		20,000
合 計	300,000		323,000
取 得 持 分	180,000		
取 得 原 価	190,000		
の れ ん	10,000	△ 2,000	8,000

(3) 開始仕訳

(借)	資 本 金	253,000	(貸)	C 社 株 式	190,000
	利 益 剰 余 金	27,000		非 支 配 株 主 持 分	120,000(*1)
	評 価 差 額	20,000			
	の れ ん	10,000			

(*1) T/T 資本合計300,000×非支配株主持分比率40%＝120,000

(4) 当期純利益の按分

| (借) | 利 益 剰 余 金 (非支配株主に帰属する当期純損益) | 9,200(*1) | (貸) | 非 支 配 株 主 持 分 | 9,200 |

(*1)（X2年期末利益剰余金50,000－X1年期末利益剰余金27,000)×非支配株主持分比率40%＝9,200

(5) のれんの償却

| (借) | 利 益 剰 余 金 (の れ ん 償 却 額) | 2,000 | (貸) | の れ ん | 2,000 |

3．A社連結貸借対照表（X2年期末，　問1　の解答)

A社連結貸借対照表

借 方	金 額	貸 方	金 額
諸 資 産	①1,459,400	諸 負 債	427,900
土 地	103,400	資 本 金	510,000
の れ ん	② 12,800	資 本 剰 余 金	100,000
		利 益 剰 余 金	③ 337,500
		非 支 配 株 主 持 分	④ 200,200
合 計	1,575,600	合 計	1,575,600

Ⅱ．Ｘ３年期首における合併仕訳等

1．合　併（Ａ社によるＢ社の合併）

(1) タイム・テーブル

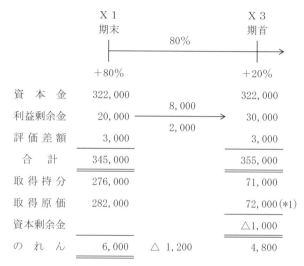

	Ｘ１ 期末		Ｘ３ 期首
	+80%	80%	+20%
資　本　金	322,000		322,000
利益剰余金	20,000	→8,000 2,000	30,000
評　価　差　額	3,000		3,000
合　　　計	345,000		355,000
取　得　持　分	276,000		71,000
取　得　原　価	282,000		72,000(*1)
資　本　剰　余　金			△1,000
の　　れ　　ん	6,000	△1,200	4,800

（*1）　Ａ社株価@180×交付株式数400株＝72,000

(2) 合併仕訳

①　Ａ社持分（共通支配下の取引として扱う部分）

（借）諸　　資　　産	357,120(*1)	（貸）諸　　　負　　　債	88,000(*3)
土　　　　　地	14,880(*2)	Ｂ　社　株　式	282,000
の　　れ　　ん	4,800(*4)	利　益　剰　余　金 （抱合株式消滅差益）	6,800(*5)

（*1）　446,400(*6)×Ａ社持分比率80％＝357,120

（*2）　18,600×Ａ社持分比率80％＝14,880

（注）　資本連結にあたり子会社の資産及び負債を時価評価している場合には，親会社の個別上も時価評価後の金額により受け入れる。

（*3）　110,000×Ａ社持分比率80％＝88,000

（*4）　連結上ののれん未償却額

（注）　連結上，子会社株式の取得に係るのれん未償却額が計上されている場合には，親会社の個別上も，当該金額を「のれん」として引き継ぐ。

（*5）　（Ｂ社T/T 資本合計355,000×Ａ社持分比率80％＋のれん未償却額4,800(*4)）

－抱合株式282,000＝6,800

又は，Ａ社に帰属する支配獲得後利益剰余金8,000－のれん償却額1,200＝6,800

（注）　親会社持分相当額と親会社が合併直前に保有していた子会社株式（抱合株式）の適正な帳簿価額との差額を「抱合株式消滅差損益」として特別損益に計上する。

（*6）　443,400＋時価評価差額3,000＝446,400

② 非支配株主持分（非支配株主との取引として扱う部分）

(借) 諸 資 産	89,280(*7)	(貸) 諸 負 債	22,000(*9)
土 地	3,720(*8)	資 本 金	72,000
資 本 剰 余 金	1,000(*10)		

(*7) 446,400(*6)×非支配株主持分比率20%＝89,280

(*8) 18,600×非支配株主持分比率20%＝3,720

(*9) 110,000×非支配株主持分比率20%＝22,000

(*10) 取得の対価72,000－B社T/T 資本合計355,000×非支配株主持分比率20%＝1,000

(注) 非支配株主持分相当額と取得の対価との差額を「その他資本剰余金」とする。

③ ①＋② → 合併仕訳

(借) 諸 資 産	446,400(*6)	(貸) 諸 負 債	110,000
土 地	18,600	資 本 金	72,000
の れ ん	4,800(*4)	B 社 株 式	282,000
資 本 剰 余 金	1,000(*10)	利 益 剰 余 金	6,800(*5)
		（抱合株式消滅差益）	

2．吸収合併後A社個別貸借対照表（X3年期首， 問2 の解答）

A社個別貸借対照表

借 方	金 額	貸 方	金 額
諸 資 産	①1,046,400	諸 負 債	313,100
土 地	78,600	資 本 金	582,000
の れ ん	② 4,800	資 本 剰 余 金	99,000
C 社 株 式	190,000	利 益 剰 余 金	③ 325,700
合 計	1,319,800	合 計	1,319,800

（参考２）　共通支配下の取引等の会計処理

１．意　義

　　企業集団内における組織再編の会計処理には，共通支配下の取引と非支配株主との取引がある。

（1）共通支配下の取引

　　企業結合において**共通支配下の取引とは，結合当事企業（又は事業）のすべてが，企業結合の前後で同一の株主により最終的に支配され，かつ，その支配が一時的ではない場合の企業結合**をいう。例えば，親会社と子会社の合併や親会社の支配下にある子会社同士の合併等がある。なお，投資会社とその関連会社との企業結合は，共通支配下の取引には該当しない。

　　共通支配下の取引は，親会社の立場からは「内部取引」と考えられる。したがって，**個別上は「事業の移転元の適正な帳簿価額」**を基礎として会計処理され，連結上は「すべて消去」される。

（2）非支配株主との取引

　　非支配株主との取引は，親会社が子会社を株式交換により完全子会社とする場合等，親会社が非支配株主から子会社株式を追加取得する取引等に適用される。

２．**親会社が子会社を吸収合併する場合**

（1）子会社の会計処理

　　子会社は，合併期日の前日に決算を行い，資産，負債及び純資産の適正な帳簿価額を算定する。

（2）親会社の会計処理

　①　資産及び負債の会計処理

　　ⅰ　基本的処理

　　　親会社が子会社から受け入れる資産及び負債は，合併期日の前日に付された「**適正な帳簿価額**」により計上する。

　　ⅱ　連結財務諸表で当該子会社の資産及び負債の帳簿価額を修正している場合

　　　個別上も，**連結上の金額である「修正後の帳簿価額（のれんを含む）」**により資産及び負債を受け入れる。

　　　資本連結にあたり子会社の資産及び負債を時価評価している場合には，親会社の個別上「**時価評価後の金額**」により受け入れる。また，連結上，子会社株式の取得に係る**のれん未償却額**が計上されている場合には，親会社の個別上も**当該金額を「のれん」**として引継ぐ。

　　　また，連結上，子会社の資産又は負債に含まれる未実現損益（**親会社の個別上，損益に計上された額に限る**）を消去している場合には，親会社の個別上も「**未実現損益消去後の金額**」で当該資産又は**負債を受け入れる**。親会社の個別上，当該修正に伴う差額は「**特別損益**」に計上する。

② 増加すべき株主資本の会計処理

　　親会社は，子会社から受け入れた資産と負債との差額のうち株主資本の額を合併期日直前の持分比率に基づき，親会社持分相当額と非支配株主持分相当額に按分し，それぞれ次のように処理する。

　ⅰ　親会社持分相当額の会計処理（共通支配下の取引として扱う部分）

　　親会社が合併直前に保有していた子会社株式（抱合せ株式）の適正な帳簿価額との差額を，「**抱合株式消滅差損益**」として「**特別損益**」に計上する。

　ⅱ　非支配株主持分相当額の会計処理（非支配株主との取引として扱う部分）

　　非支配株主持分相当額と，取得の対価（非支配株主に交付した親会社株式の時価）との差額を「**その他資本剰余金**」とする。また，合併により増加する親会社の株主資本の額は「**払込資本**」とする。

③ 株主資本以外の項目の取扱い

　　親会社は子会社の合併期日の前日の評価・換算差額等（親会社が作成する連結財務諸表において投資と資本の消去の対象とされたものを除く）及び新株予約権の適正な帳簿価額を引き継ぐ。したがって，子会社のその他有価証券評価差額金の適正な帳簿価額のうち，支配獲得後に当該子会社が計上したものをそのまま引き継ぐ。

3．**親会社と子会社が株式移転設立完全親会社を設立する場合**

(1) 個別上の処理

① 株式移転設立完全親会社の会計処理

　ⅰ　株式移転完全子会社株式の取得原価の算定

　　株式移転設立完全親会社が受け入れた株式移転完全子会社の株式（旧親会社の株式と旧子会社の株式）の取得原価は，それぞれ次のように算定する。

　　ａ．株式移転完全子会社株式（旧親会社の株式）

　　　株式移転完全子会社株式（旧親会社の株式）の取得原価は，株式移転日の前日における株式移転完全子会社（旧親会社）の「**適正な帳簿価額による株主資本の額**」に基づいて算定する。

　　ｂ．株式移転完全子会社株式（旧子会社の株式）

　　　株式移転完全子会社株式（旧子会社の株式）の取得原価は，株式移転完全子会社（旧子会社）の株式移転日の前日における持分比率に基づき，旧親会社持分相当額と非支配株主持分相当額に区分し，次の合計額として算定する。

　　イ　旧親会社持分相当額（共通支配下の取引として扱う部分）

　　　旧親会社持分相当額については，株式移転完全子会社（旧子会社）の株式移転日の前日における「**適正な帳簿価額による株主資本の額**」により算定する。

　ロ　非支配株主持分相当額（非支配株主との取引として扱う部分）

　　　非支配株主持分相当額については，取得の対価（旧子会社の非支配株主に交付した株式移転設立完全親会社の株式の時価相当額）に基づいて算定する。

　　　株式移転設立完全親会社の株式の時価相当額は「株式移転完全子会社（旧子会社）の株主が株式移転設立完全親会社に対する実際の議決権比率と同じ比率を保有するのに必要な株式移転完全子会社（旧親会社）の株式」を，株式移転完全子会社（旧親会社）が交付したものとみなして算定する。

　ⅱ　株式移転設立完全親会社の増加すべき株主資本の会計処理

　　　株式移転設立完全親会社の増加すべき株主資本の額は「**払込資本**」とする。

② 株式移転完全子会社（旧親会社）の会計処理

　　株式移転に際して，株式移転完全子会社（旧親会社）が株式移転完全子会社（旧子会社）の株式と引き換えに受け入れた株式移転設立完全親会社株式の取得原価は，株式移転完全子会社（旧子会社）株式の株式移転直前の適正な「**帳簿価額**」により計上する。

(2) 連結上の処理

① 投資と資本の消去

　ⅰ　株式移転完全子会社（旧親会社）への投資

　　　株式移転完全子会社（旧親会社）の株式の取得原価と株式移転完全子会社（旧親会社）の株主資本を相殺する。なお，**消去差額は生じない**。

　ⅱ　株式移転完全子会社（旧子会社）への投資

　　　株式移転完全子会社（旧子会社）の株式の取得原価と株式移転完全子会社（旧子会社）の株主資本を相殺し，消去差額は「**資本剰余金**」として処理する。

② 連結上の自己株式への振替

　　株式移転完全子会社（旧親会社）が株式移転完全子会社（旧子会社）の株式との交換により取得した株式移転設立完全親会社株式は，連結上「**自己株式**」に振り替える。

③ 株主資本項目の調整

　　株式移転設立完全親会社の株主資本の額は，株式移転直前の連結上の株主資本項目に非支配株主との取引により増加した払込資本の額を加算する。つまり，株式移転直前の連結上の利益剰余金が引き継がれる。

Ⅲ．Ｘ３年期末における処理

1．タイム・テーブル（Ｃ社）

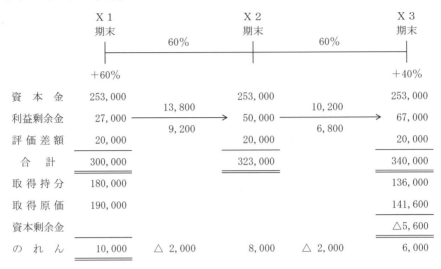

	X1 期末		X2 期末		X3 期末
		60%		60%	
	+60%				+40%
資 本 金	253,000		253,000		253,000
利益剰余金	27,000	13,800	50,000	10,200	67,000
		9,200		6,800	
評 価 差 額	20,000		20,000		20,000
合 　計	300,000		323,000		340,000
取 得 持 分	180,000				136,000
取 得 原 価	190,000				141,600
資本剰余金					△5,600
の 　れ 　ん	10,000	△2,000	8,000	△2,000	6,000

2．個別上の処理

（1）ＡＣ社における株式移転の仕訳

| （借） | Ａ | 社 | 株 | 式 | 1,036,000(*1) | （貸） | 資 | 本 | 金 | 500,000 |
| | Ｃ | 社 | 株 | 式 | 351,600(*2) | | 資 | 本 剰 余 金 | | 887,600 |

（*1）　Ａ社資本金582,000＋資本剰余金99,000＋利益剰余金355,000＝1,036,000

（注）　株式移転完全子会社株式（旧親会社の株式）の取得原価は，株式移転日の前日における適正な帳簿価額による株主資本の額に基づいて算定する。

（*2）　旧Ａ社保有分210,000(*3)＋非支配株主保有分141,600(*4)＝351,600

（*3）　T/T　資本合計340,000×Ａ社持分比率60％＋のれん未償却額6,000＝210,000

又は，取得原価190,000＋支配獲得後利益剰余金Ａ社持分（13,800＋10,200）

－のれん償却額（2,000×２年）＝210,000

（注）　旧親会社持分相当額は，株式移転完全子会社（旧子会社）の株式移転日の前日における適正な帳簿価額による株主資本の額に基づいて算定する。

なお，親会社と子会社が企業結合する場合，子会社の資産及び負債の帳簿価額を連結上修正している時には，連結上の金額である修正後の帳簿価額（のれんを含む）により計上する。

（*4）　@1,180×みなし交付株式数120株(*5)＝141,600

（注）　非支配株主持分相当額は，取得の対価（旧子会社の非支配株主に交付した株式移転設立完全親会社の株式の時価相当額）として算定する。

（*5）　Ａ社株式みなし交付株式数をＹとおくと以下の式が成り立つ。

Ｙ÷（Ｙ＋1,200株）＝Ｃ社株主の移転後の議決権比率9.090…％(*6)

∴　Ｙ＝120株　　又は，

（Ｃ社発行済株式数375株－移転前Ａ社保有Ｃ社株式225株(*7)）×移転比率$\frac{0.8}{1}$＝120株

（*6）　（Ｃ社発行済株式数375株×移転比率0.8－Ａ社相互保有180株(*8)）

÷（ＡＣ社発行済株式数1,500株－Ａ社相互保有180株(*8)）＝9.090…％

（注）　Ａ社の保有していたＣ社株式 225株(*7)と交換されたＡＣ社株式 180株(*8)は，ＡＣ社とＡ社の関係上相互保有株式となり議決権が行使できないため，議決権比率算定上，発行済株式数から控除しなければならない。

（注）　株式移転設立完全親会社（ＡＣ社）の株式の時価相当額は「旧子会社（Ｃ社）の株主が株式移転設立完全親会社（ＡＣ社）に対する実際の議決権比率と同じ比率を保有するのに必要な旧親会社（Ａ社）の株式」を旧親会社（Ａ社）が交付したものとみなして算定する。

（*7）　Ｃ社発行済株式数375株×Ａ社持分比率60％＝225株

（*8）　移転前Ａ社保有Ｃ社株式225株(*7)×移転比率0.8＝180株

(2) A社における株式移転の仕訳

(借)	A C 社 株 式 (親 会 社 株 式)	190,000	(貸)	C 社 株 式	190,000

(注)　A社は株式移転設立完全親会社（AC社）の株式を取得するが，当該取引は共通支配下の取引として
　　　　処理する。すなわち，A社が取得するAC社株式の取得原価は，C社株式の適正な帳簿価額とし，株式
　　　　移転時に交換損益は認識しない。

(3) 株式移転後における各社の個別貸借対照表（　問3　の解答）

貸借対照表

借　方	AC社	A　社	C　社	貸　方	AC社	A　社	C　社
諸　資　産	—	1,001,200	410,000	諸　負　債	—	237,400	137,800
土　　　地	—	78,600	47,800	資　本　金	500,000	582,000	253,000
の　れ　ん	—	3,600	—	資本剰余金	③887,600	99,000	—
A 社 株 式	①1,036,000	—	—	利益剰余金	—	355,000	67,000
C 社 株 式	②351,600	—	—				
AC社株式	—	190,000	—				
合　　　計	1,387,600	1,273,400	457,800	合　　　計	1,387,600	1,273,400	457,800

3．連結上の処理

(1) 諸資産に係る評価差額の計上

(借)	諸　　資　　産	20,000	(貸)	評　価　差　額	20,000(*1)

(*1)　C社X1年期末時価390,000－簿価370,000＝20,000

(2) 対A社（投資と資本の相殺消去）

(借)	資　　　　本　　　　金	582,000	(貸)	A　社　株　式	1,036,000
	資　本　剰　余　金	99,000			
	利　益　剰　余　金	355,000			

(3) 対C社（投資と資本の相殺消去）

(借)	資　　　　本　　　　金	253,000	(貸)	C　社　株　式	351,600
	利　益　剰　余　金	67,000			
	評　価　差　額	20,000			
	の　れ　ん	6,000			
	資　本　剰　余　金	5,600			

(4) ＡＣ社株式の自己株式への振替

| (借) 自 己 株 式 | 190,000 | (貸) Ａ Ｃ 社 株 式
(親 会 社 株 式) | 190,000 |

(注) 株式移転完全子会社（旧親会社）が株式移転完全子会社（旧子会社）の株式との交換により取得した株式移転設立完全親会社株式は，連結上，自己株式に振り替える。

(5) 株主資本項目の調整

| (借) 資 本 剰 余 金 | 355,000 | (貸) 利 益 剰 余 金 | 355,000(*1) |
| (借) 資 本 剰 余 金 | 20,000 | (貸) 利 益 剰 余 金 | 20,000(*2) |

(*1) Ａ社個別B/S 利益剰余金

(*2) 支配獲得後利益剰余金Ａ社持分(13,800＋10,200)－のれん償却額(2,000×2年)＝20,000

(注) 株式移転設立完全親会社（ＡＣ社）が作成する連結B/S の株主資本の額は，株式移転直前の連結上の株主資本項目に非支配株主との取引により増加した払込資本の額を加算した金額となる。そこで，株式移転直前の連結上の利益剰余金を引き継ぐ処理を行う。

4．株式移転後ＡＣ社連結貸借対照表（Ｘ３年期末， 問4 の解答）

ＡＣ社連結貸借対照表

借 方	金 額	貸 方	金 額
諸 資 産	①1,431,200	諸 負 債	375,200
土 地	126,400	資 本 金	③ 500,000
の れ ん	② 9,600	資 本 剰 余 金	④ 507,000
		利 益 剰 余 金	⑤ 375,000
		自 己 株 式	⑥△190,000
合 計	1,567,200	合 計	1,567,200

Ⅰ．取得企業の判定

　　1．合併後甲社における合併前乙社株主の議決権比率

$$\frac{300株（*1）}{300株（*1）＋200株}＝60\%$$

　　2．合併後甲社における合併前甲社株主の議決権比率

$$\frac{200株}{300株（*1）＋200株}＝40\%$$

　　（*1）　乙社発行済株式数120株×合併比率2.5＝乙社株主への交付株式数300株

　　3．判　定

　　　　企業結合が議決権のある株式の交付により行われる場合，通常，議決権のある株式を交付する企業が取得企業である。しかし，本問では，存続会社（甲社）が議決権のある株式を交付するが，消滅会社（乙社）の株主が合併後，存続会社（甲社）の議決権総数の過半数を保持する結果，消滅会社（乙社）が取得企業に該当し存続会社（甲社）が被取得企業に該当する（逆取得）。

　　　　逆取得となる吸収合併の場合，存続会社（甲社）の個別財務諸表では「消滅会社（乙社）の資産及び負債を合併直前の適正な帳簿価額により計上する処理」を行う。また，逆取得となる吸収合併が行われた後に，結合後企業が連結財務諸表を作成する場合には存続会社（甲社）を被取得企業として「パーチェス法」を適用する。

＜逆取得における個別上のイメージ＞

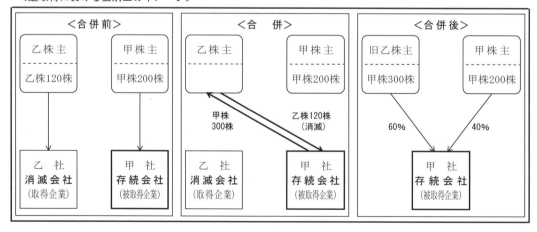

Ⅱ．個別上の処理

1．合併仕訳（甲社）

（借）諸 資 産	220,000(*1)	（貸）諸 負 債	72,000(*1)
		資 本 剰 余 金	146,500(*2)
		その他有価証券評価差額金	1,500(*1)

(*1) 簿価

(*2) 適正な帳簿価額による株主資本の額(92,500＋54,000)＝146,500

2．吸収合併後甲社個別貸借対照表（ 問1 の解答）

甲社個別貸借対照表

借 方	金 額	貸 方	金 額
諸 資 産	① 505,000	諸 負 債	192,000
の れ ん	② －	資 本 金	137,000
		資 本 剰 余 金	③ 161,500
		利 益 剰 余 金	13,000
		その他有価証券評価差額金	④ 1,500
合 計	505,000	合 計	505,000

Ⅲ．連結上の処理

　逆取得となる吸収合併が行われた後に，結合後企業が連結財務諸表を作成する場合には，吸収合併存続会社を被取得企業として「パーチェス法」を適用する。以下，取得企業乙社が吸収合併を行ったと考えて処理する。

1．取得企業（消滅会社乙社）による被取得企業（存続会社甲社）の取得（パーチェス法）

（借）諸 資 産	297,000(*1)	（貸）諸 負 債	120,000(*1)
の れ ん	15,000(*3)	資 本 剰 余 金	192,000(*2)

(*1) 時価

(*2) 乙社株価@2,400×乙社株式みなし交付数80株(*4)＝192,000

(*3) 取得原価192,000(*2)－取得原価の配分額(297,000(*1)－120,000(*1))＝15,000

(*4) 乙社株式みなし交付数をXとおくと，以下の式が成り立つ。

　　X÷(X＋120株)＝合併後甲社株主の議決権比率40%

　　∴ X＝80株

(注) 取得の対価となる財の時価は，「存続会社（甲社）の株主が，合併後の会社に対する実際の議決権比率と同じ比率を保有するのに必要な数の消滅会社（乙社）の株式」を，消滅会社（乙社）が交付したものとみなして算定する。

　　また，本問においては甲社と乙社の合併比率が1：2.5であることから，みなし交付株式数を甲社発行済株式数200株×0.4(*5)＝80株として求めることができる。

(*5) $\dfrac{1}{合併比率2.5}＝0.4$

<＜逆取得における連結上のイメージ＞

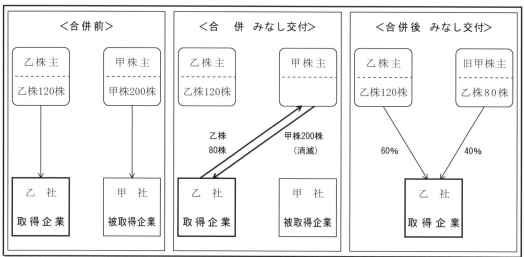

2．資本金の振替

| (借) 資 本 剰 余 金 | 44,500 | (貸) 資 本 金 | 44,500(*1) |

(*1) 合併後甲社資本金137,000－合併前乙社資本金92,500＝44,500

(注) 連結上の資本金は「存続会社（被取得企業甲社）の資本金」とし，これと合併直前の連結上の資本金（消滅会社乙社の資本金）が異なる場合には，その差額を「資本金又は資本剰余金」に振り替える。

3．連結貸借対照表（ 問2 の解答）

甲社連結貸借対照表

借 方	金 額	貸 方	金 額
諸 資 産	① 517,000	諸 負 債	192,000
の れ ん	② 15,000	資 本 金	③ 137,000
		資 本 剰 余 金	④ 147,500
		利 益 剰 余 金	⑤ 54,000
		その他有価証券評価差額金	1,500
合 計	532,000	合 計	532,000

（参考３）　逆取得

１．意　義

　　企業結合が議決権のある株式の交付により行われる場合は，通常，議決権のある株式を交付する企業が取得企業である。しかし，吸収合併の場合，**存続会社が議決権のある株式を交付するが，消滅会社の株主が合併後，存続会社の議決権総数の過半数を保持又は受け取る結果，企業結合会計上，消滅会社が取得企業に該当し，存続会社が被取得企業に該当する場合がある。**

　　このような事象は，議決権のある株式を交付した会社と企業結合会計上の取得企業とが一致しないという意味で「逆取得」とよばれる。

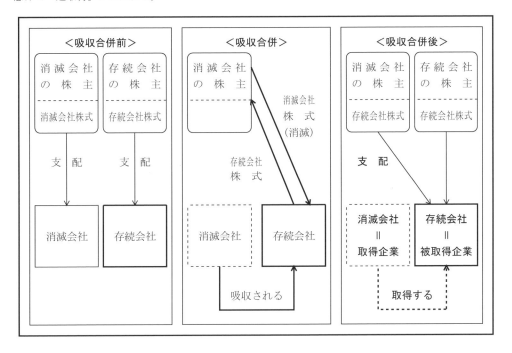

　　現行制度上，存続会社のすべての資産及び負債を時価評価することは認められないと解釈されていることから，逆取得の場合に，個別上，パーチェス法を適用して存続会社のすべての資産及び負債を時価評価することはできない。

　　したがって，**逆取得の場合には，個別上は吸収合併消滅会社（取得企業）の資産及び負債を合併直前の適正な帳簿価額により計上し，連結上は消滅会社を取得企業としてパーチェス法を適用する。**

また，株式交換において，完全子会社が取得企業となる場合も逆取得に該当する。このような場合，完全親会社の個別財務諸表では，当該**完全子会社の株式交換直前における適正な帳簿価額による株主資本の額に基づいて，取得企業株式（完全子会社株式）の取得原価を算定**する。そして，完全親会社の連結財務諸表では，**完全子会社を取得企業としてパーチェス法を適用する。**

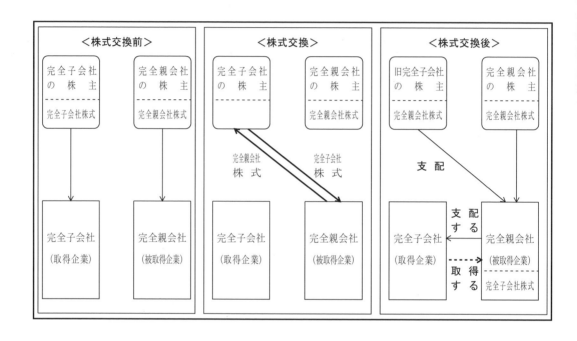

2．逆取得となる吸収合併の会計処理

（1）吸収合併存続会社（被取得企業）の個別上の会計処理

　　取得企業が法律上存続する会社（吸収合併存続会社）と異なる場合，次のように処理する。

①　資産及び負債の会計処理

　　吸収合併存続会社（被取得企業）の個別上は，吸収合併消滅会社（取得企業）の資産及び負債を合併直前の**適正な帳簿価額**により計上する。

　　なお，吸収合併存続会社が受け入れた自己株式（吸収合併消滅会社が保有していた吸収合併存続会社株式）は，吸収合併消滅会社における適正な帳簿価額により，吸収合併存続会社の株主資本からの控除項目として表示する。

②　増加資本の会計処理（新株を発行した場合）

　ⅰ　株主資本項目の取扱い

　　ａ．原　則

　　　　吸収合併消滅会社（取得企業）の合併期日の前日の**適正な帳簿価額による株主資本の額を払込資本（資本金又は資本剰余金）**として処理する。増加すべき払込資本の内訳項目（資本金，資本準備金又はその他資本剰余金）は，会社法の規定に基づき決定する。

　　ｂ．容　認

　　　　合併の対価として吸収合併存続会社（被取得企業）が**新株のみを発行している場合**には，吸収合併消滅会社の合併期日の前日の**資本金，資本準備金，その他資本剰余金，利益準備金及びその他利益剰余金の内訳科目を**，自己株式の処理等を除き，そのまま引継ぐことができる。

　ⅱ　株主資本以外の項目の引継ぎ

　　吸収合併存続会社（被取得企業）は吸収合併消滅会社（取得企業）の合併期日の前日の評価・換算差額等及び新株予約権の適正な帳簿価額を引継ぐ。したがって，**吸収合併消滅会社のその他有価証券評価差額金の適正な帳簿価額もそのまま引継ぐ**ことになる。

③　自己株式を処分した場合（新株の発行を併用した場合を含む）
　ⅰ　原　則
　　　吸収合併存続会社（被取得企業）は，吸収合併消滅会社（取得企業）の合併期日の前日の適正な帳
　　簿価額による株主資本の額から処分した自己株式の帳簿価額を控除した差額を払込資本の増加として
　　処理する。
　ⅱ　容　認
　　　合併の対価として吸収合併存続会社（被取得企業）の自己株式を処分した場合には，吸収合併消滅
　　会社の合併期日の前日の株主資本の構成をそのまま引き継ぎ，処分した自己株式の帳簿価額をその他
　　資本剰余金から控除する。

④　企業結合に要した支出額の会計処理
　　株式交付費を含む合併に要した支出額は，**発生時の事業年度の費用として処理**する。

(2) 結合後企業（取得企業）の連結上の会計処理
　　逆取得となる吸収合併が行われた後に，結合後企業が連結財務諸表を作成する場合には，**吸収合併存続
会社を被取得企業としてパーチェス法**を適用する。
　　なお，具体的には，吸収合併消滅会社（取得企業）の合併期日の前日における連結上の金額（吸収合併
消滅会社が連結財務諸表を作成していない場合には個別上の金額）に，次の手順により算定された額を加
算する。
①　取得原価の算定
　　取得の対価となる財の企業結合日における時価で算定する。ただし，取得の対価となる財の時価は，
　「吸収合併存続会社（被取得企業）の株主が合併後の会社（結合後企業）に対する実際の議決権比率と
　同じ比率を保有するのに必要な数の吸収合併消滅会社（取得企業）の株式」を吸収合併消滅会社（取得
　企業）が交付したものとみなして算定する。

②　取得原価の配分
　　吸収合併存続会社（被取得企業）から取得した資産及び引き受けた負債の会計処理は，取得原価を被
　取得企業から取得した資産及び引き受けた負債のうち企業結合日において識別可能なもの（識別可能資
　産及び負債）に対して，その**企業結合日における時価を基礎として配分**し，取得原価と取得原価の配分
　額との差額は**のれん（又は負ののれん）**として処理する。

③　増加資本の会計処理
　　①で算定された取得の対価を払込資本に加算する。ただし，**連結上の資本金は吸収合併存続会社（被
　取得企業）の資本金**とし，これと合併直前の連結上の資本金（吸収合併消滅会社の資本金）が異なる場
　合には，その差額を**資本剰余金に振り替える**。

問題4

問1 及び 問2 について（親会社 → 子会社）

Ⅰ．〔資料Ⅲ〕の空欄推定

諸 資 産： 6,761,000 ← 貸借差額

Ａ社株式： 819,000 ← ×3年3月31日取得原価

Ⅱ．〔ケース1〕 受取対価が現金等の財産のみである場合

1．個別上の処理

(1) ＳＨ社（共通支配下の取引）

(借)	Ｘ 事 業 負 債	48,000	(貸)	Ｘ 事 業 資 産	192,000
	諸 資 産 （現 金 及 び 預 金）	180,000(*1)		利 益 剰 余 金 （移 転 利 益）	36,000

(*1) Ａ社における簿価

(2) Ａ 社（共通支配下の取引）

(借)	Ｘ 事 業 資 産	192,000(*2)	(貸)	Ｘ 事 業 負 債	48,000(*2)
	の れ ん	36,000		諸 資 産 （現 金 及 び 預 金）	180,000

(*2) ＳＨ社における簿価

(3) 吸収分割後個別貸借対照表（ 問1 の解答）

貸 借 対 照 表
×5年3月31日

資　産	ＳＨ社	Ａ　社	負債・純資産	ＳＨ社	Ａ　社
諸　資　産	6,941,000	1,344,800	諸　負　債	776,800	164,800
Ｘ事業資産	—	ア 192,000	Ｘ事業負債	—	48,000
の　れ　ん	—	イ 36,000	資　本　金	5,000,000	960,000
Ａ 社 株 式	819,000	—	資本剰余金	600,000	—
			利益剰余金	ウ 1,383,200	400,000
合　計	7,760,000	1,572,800	合　計	7,760,000	1,572,800

2．連結上の処理

(1) タイム・テーブル

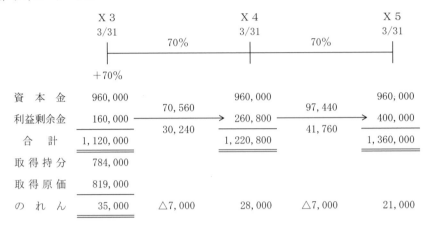

	X3 3/31		X4 3/31		X5 3/31
		70%		70%	
	+70%				
資　本　金	960,000		960,000		960,000
利益剰余金	160,000	70,560 →	260,800	97,440 →	400,000
		30,240		41,760	
合　　計	1,120,000		1,220,800		1,360,000
取得持分	784,000				
取得原価	819,000				
の　れ　ん	35,000	△7,000	28,000	△7,000	21,000

(2) 連結貸借対照表作成のための連結修正仕訳

① 開始仕訳

ⅰ ×2年度末（70％取得）

（借）資　　　本　　　金	960,000	（貸）A　社　株　式	819,000
利　益　剰　余　金	160,000	非支配株主持分	336,000(*1)
の　　れ　　ん	35,000		

(*1) T/T 資本合計1,120,000×非支配株主持分比率30％＝336,000

ⅱ ×3年度

a 支配獲得後利益剰余金の振替

（借）利　益　剰　余　金	30,240	（貸）非支配株主持分	30,240

b のれんの償却

（借）利　益　剰　余　金	7,000	（貸）の　　れ　　ん	7,000

ⅲ ⅰ＋ⅱ → 開始仕訳

（借）資　　　本　　　金	960,000	（貸）A　社　株　式	819,000
利　益　剰　余　金	197,240	非支配株主持分	366,240(*2)
の　　れ　　ん	28,000		

(*2) T/T 資本合計1,220,800×非支配株主持分比率30％＝366,240

② 当期純利益の按分

(借)利 益 剰 余 金	41,760(*3)	(貸)非 支 配 株 主 持 分	41,760
(非支配株主に帰属する当期純損益)			

(*3) (×5年3月31日利益剰余金400,000−×4年3月31日利益剰余金260,800)

×非支配株主持分比率30%＝41,760

③ のれんの償却

(借)利 益 剰 余 金	7,000	(貸)の れ ん	7,000
(の れ ん 償 却 額)			

④ 移転損益の修正

連結上，移転損益は，未実現損益の消去に準じて処理する。

(借)利 益 剰 余 金	36,000(*4)	(貸)の れ ん	36,000
(移 転 利 益)			

(*4) 個別上の処理より

(3) 吸収分割後連結貸借対照表（ 問1 の解答）

連 結 貸 借 対 照 表

×5年3月31日

諸 資 産	8,285,800	諸 負 債	941,600
X 事 業 資 産	192,000	X 事 業 負 債	48,000
の れ ん エ	21,000	資 本 金	5,000,000
		資 本 剰 余 金	600,000
		利 益 剰 余 金 オ	1,501,200
		非 支 配 株 主 持 分 カ	408,000(*5)
資 産 合 計	8,498,800	負債・純資産合計	8,498,800

(*5) T/T 資本合計1,360,000×非支配株主持分比率30%＝408,000

Ⅲ．〔ケース２〕　受取対価が分離先企業の株式のみである場合

	分割前	分割後
Ａ　社	70%	＋３％ → 73%
Ｘ事業	100%	△27% → 73%

１．個別上の処理

（1）ＳＨ社（投資の継続）

（借）	Ｘ　事　業　負　債	48,000	（貸）	Ｘ　事　業　資　産	192,000
	Ａ　社　株　式	144,000(*1)			

（*1）　Ｘ事業資産簿価192,000－Ｘ事業負債簿価48,000＝Ｘ事業の株主資本相当額144,000

（2）Ａ　社（共通支配下の取引）

（借）	Ｘ　事　業　資　産	192,000(*2)	（貸）	Ｘ　事　業　負　債	48,000(*2)
				資　　本　　金	144,000(*1)

（*2）　ＳＨ社における簿価

（3）吸収分割後個別貸借対照表　（ 問2 の解答）

貸　借　対　照　表

×５年３月31日

資　産	ＳＨ社	Ａ　社	負債・純資産	ＳＨ社	Ａ　社
諸　　資　　産	6,761,000	1,524,800	諸　　負　　債	776,800	164,800
Ｘ事業資産	—	ク 192,000	Ｘ事業負債	—	48,000
の　れ　ん	—	ケ —	資　　本　　金	5,000,000	サ1,104,000
Ａ　社　株　式	キ 963,000	—	資本剰余金	600,000	—
			利益剰余金	コ1,347,200	400,000
合　　計	7,724,000	1,716,800	合　　計	7,724,000	1,716,800

2．連結上の処理

(1) タイム・テーブル

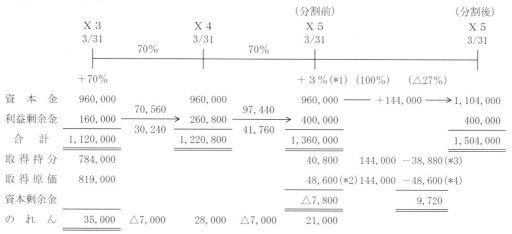

(*1) 73％－70％＝3％

(*2) A社の吸収分割直前の時価1,620,000×ＳＨ社追加取得比率3％(*1)＝48,600

(*3) X事業の株主資本相当額144,000×X事業に係るＳＨ社持分減少比率27％＝38,880

(*4) X事業時価180,000×X事業に係るＳＨ社持分減少比率27％＝48,600

(注) 「みなし移転事業額(*4)」は「分離先企業に対するみなし投資額(*2)」と同額となる。

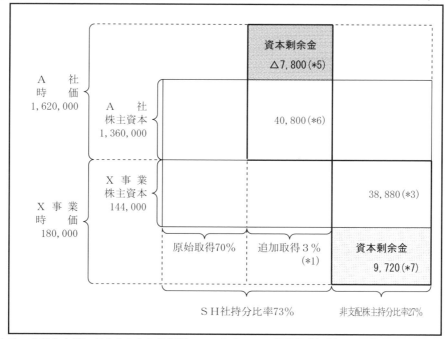

(*5) 分離先企業に対するみなし投資額48,600(*2)－ＳＨ社持分増加額40,800(*6)＝7,800

(*6) T/T 資本合計1,360,000×ＳＨ社追加取得比率3％(*1)＝40,800

(*7) みなし移転事業額48,600(*4)－X事業に係るＳＨ社持分減少額38,880(*3)＝9,720

又は，（X事業時価180,000－X事業の株主資本相当額144,000）

×X事業に係るＳＨ社持分減少比率27％＝9,720

(2) 連結貸借対照表作成のための連結修正仕訳

① 開始仕訳

i ×2年度末（70%取得）

(借)	資　　本　　金	960,000	(貸)	A　社　株　式	819,000
	利　益　剰　余　金	160,000		非 支 配 株 主 持 分	336,000(*8)
	の　　れ　　ん	35,000			

(*8)　T/T 資本合計1,120,000×非支配株主持分比率30%＝336,000

ii ×3年度

　a 支配獲得後利益剰余金の振替

| (借) | 利　益　剰　余　金 | 30,240 | (貸) | 非 支 配 株 主 持 分 | 30,240 |

　b のれんの償却

| (借) | 利　益　剰　余　金 | 7,000 | (貸) | の　　れ　　ん | 7,000 |

iii i＋ii → 開始仕訳

(借)	資　　本　　金	960,000	(貸)	A　社　株　式	819,000
	利　益　剰　余　金	197,240		非 支 配 株 主 持 分	366,240(*9)
	の　　れ　　ん	28,000			

(*9)　T/T 資本合計1,220,800×非支配株主持分比率30%＝366,240

② 当期純利益の按分

| (借) | 利　益　剰　余　金
(非支配株主に帰属する当期純損益) | 41,760(*10) | (貸) | 非 支 配 株 主 持 分 | 41,760 |

(*10)　(×5年3月31日利益剰余金400,000−×4年3月31日利益剰余金260,800)

　　　　　　　　　　　　　　　　　　　　　　　　　　　　　×非支配株主持分比率30%＝41,760

③ のれんの償却

| (借) | 利　益　剰　余　金
(の れ ん 償 却 額) | 7,000 | (貸) | の　　れ　　ん | 7,000 |

④ 事業分離による追加取得

(借)	資　本　金	144,000	(貸)	Ａ　社　株　式	144,000
	非支配株主持分	1,920		資　本　剰　余　金	1,920(*11)

(*11) ＳＨ社持分増加額40,800(*6)－移転事業に係るＳＨ社持分減少額38,880(*3)＝1,920

(注) 上記仕訳は以下のように分解して考えてもよい。

ⅰ　追加取得（3%）

非支配株主との取引として子会社株式の追加取得の処理を行う。

(借)	非支配株主持分	40,800(*6)	(貸)	Ａ　社　株　式	48,600(*2)
	資　本　剰　余　金	7,800(*5)			

ⅱ　移転事業に係る投資と資本の相殺消去

「分離元企業（親会社）の事業が移転されたとみなされる額」と「移転した事業に係る分離元企業（親会社）の持分減少額」との差額は「資本剰余金」とする。

(借)	資　本　金	144,000	(貸)	Ａ　社　株　式	95,400(*12)
				非支配株主持分	38,880(*3)
				資　本　剰　余　金	9,720(*7)

(*12) Ａ社株式取得原価144,000－48,600(*2)＝95,400

(3) 吸収分割後連結貸借対照表（ 問2 の解答）

連 結 貸 借 対 照 表

×5年3月31日

諸　　資　　産	8,285,800	諸　　負　　債	941,600
Ｘ　事　業　資　産	192,000	Ｘ　事　業　負　債	48,000
の　れ　ん　シ	21,000	資　　本　　金	5,000,000
		資　本　剰　余　金　ス	601,920
		利　益　剰　余　金	1,501,200
		非支配株主持分　セ	406,080(*13)
資　産　合　計	8,498,800	負債・純資産合計	8,498,800

(*13) T/T 資本合計1,504,000×非支配株主持分比率27%＝406,080

（参考４）　分離元企業の会計処理

１．総　論

(1) 移転した事業に関する**投資が清算**されたとみる場合

　　その事業を分離先企業に移転したことにより「受け取った対価となる財の時価(*1)」と「移転した事業に係る株主資本相当額」との差額を「**移転損益**」として認識するとともに，改めて当該**受取対価の時価**にて投資を行ったものとする。なお，移転損益は原則として「**特別損益**」に計上する。

> 受取対価の財の時価(*1)　−　移転事業の株主資本相当額　＝　移転損益
> 受取対価の財の取得原価　＝　受取対価の財の時価(*1)

　(*1)　移転損益を認識する場合の受取対価となる財の時価は，受取対価が現金以外の資産等の場合には，受取対価となる財の時価と移転した事業の時価のうち，より高い信頼性をもって測定可能な時価で算定する。

(2) 移転した事業に関する**投資がそのまま継続**しているとみる場合

　　移転損益を認識せず，その事業を分離先企業に移転したことにより「受け取る資産の取得原価」は「**移転した事業に係る株主資本相当額**」に基づいて算定する。

> 受取対価の財の取得原価　＝　移転事業の株主資本相当額　→　移転損益は生じない

　　子会社株式や関連会社株式となる分離先企業の株式のみを対価として受け取る場合には，当該株式を通じて，移転した事業に関する事業投資を引き続き行っていると考えられることから，当該事業に関する投資が継続しているとみなされる。

　　いずれの場合においても，分離元企業において，事業分離により移転した事業に係る資産及び負債の帳簿価額は，事業分離日の前日において一般に公正妥当と認められる企業会計の基準に準拠した適正な帳簿価額のうち，移転する事業に係る金額を合理的に区分して算定する。

２．事業分離に要した支出額

　　事業分離に要した支出額は，**発生時の事業年度の費用**として処理する。

3．受取対価が現金等の財産のみである場合

(1) **子会社**を分離先企業として行われた場合

①　個別上の処理

　　共通支配下の取引として，分離元企業が「受け取った現金等の財産」は「**移転前に付された適正な子会社の帳簿価額**」により計上し，「移転した事業に係る株主資本相当額」との差額は，原則として「**移転損益**」とする。

現金等の受取財産の移転前簿価 － 移転事業の株主資本相当額 ＝ 移転損益

②　連結上の処理

　　移転損益は，**未実現損益の消去**に準じて処理する。

(2) **関連会社**を分離先企業として行われた場合

①　個別上の処理

　　分離元企業が「受け取った現金等の財産」は，原則として「**時価**」により計上し，「移転した事業に係る株主資本相当額」との差額は，原則として「**移転損益**」とする。

現金等の受取財産の時価 － 移転事業の株主資本相当額 ＝ 移転損益

②　連結上の処理

　　移転損益は**未実現損益の消去**に準じて処理する。

(3) **関係会社以外**を分離先企業として行われた場合

①　個別上の処理

　　上記(2) 関連会社を分離先企業として行われた場合と同様である。

4．受取対価が分離先企業の株式のみである場合

(1) 分離先企業が**子会社**の場合

① 個別上の処理

移転損益は認識せず，分離元企業（親会社）が受け取った分離先企業の株式（子会社株式）の取得原価は「移転した事業に係る株主資本相当額」に基づいて算定する。

> 子会社株式の取得原価 ＝ 移転事業の株主資本相当額 → 移転損益は生じない

② 連結上の処理

事業分離における「子会社（分離先企業）に係る分離元企業（親会社）の持分増加額」と「移転した事業に係る分離元企業の持分減少額」との間に生じる差額は，次のように処理する。

ⅰ 事業分離により新たに子会社となる場合

ａ．のれんの計上

分離元企業は，分離先企業を取得することとなるため，分離元企業の連結上，**パーチェス法**を適用する。「分離先企業に対して投資したとみなされる額」と，これに対応する「分離先企業の事業分離直前の資本」との差額は「**のれん又は負ののれん**」として処理する。

> 分離先企業に対するみなし投資額(*1) － 親会社持分増加額(*2) ＝ のれん

(*1) 子会社（分離先企業）の事業分離日の時価×事業分離による親会社持分増加比率

(注) 事業分離前に，分離先企業の株式（売買目的有価証券又はその他有価証券）を保有している場合，「分離先企業に対して投資したとみなされる額」は，分離元企業が追加的に受け取った分離先企業の株式の取得原価と事業分離前に有していた分離先企業の株式の支配獲得時（事業分離日）の「**時価**」との合計額とし，当該時価とその適正な帳簿価額との差額は「**段階取得に係る差損益**」として処理する。

(*2) 子会社（分離先企業）の企業結合日の株主資本及び評価差額×事業分離による親会社持分増加比率

ｂ．親会社の持分変動による差額の計上

「分離元企業（親会社）の事業が移転されたとみなされる額」と「移転した事業に係る分離元企業の持分減少額」との差額は「**資本剰余金**」とする。

> みなし移転事業額(*3) － 移転事業に係る親会社持分減少額(*4) ＝ 資本剰余金

(*3) 移転事業の事業分離直前の時価×移転事業に係る親会社持分減少比率

(注) 「みなし移転事業額(*3)」は「分離先企業に対するみなし投資額(*1)」と同額となる。

(*4) 移転事業の株主資本相当額×移転事業に係る親会社持分減少比率

(注) 親会社の持分変動による差額は，子会社株式（分離先企業株式）の取得原価とこれに対応する分離元企業（親会社）の持分との差額としても算定することができる。

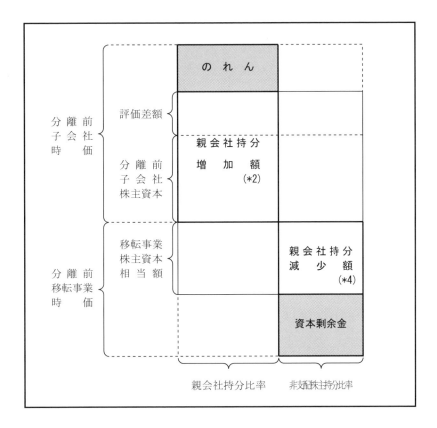

ⅱ　分離前から子会社の場合（事業分離による子会社株式の追加取得）

　　事業分離により追加取得した場合，「**子会社（分離先企業）に係る分離元企業（親会社）の持分増加額**」と「移転した事業に係る分離元企業の持分減少額」との間に生じる差額は「**資本剰余金**」とする。

> 親会社持分増加額（*1）　−　移転事業に係る親会社持分減少額（*2）　＝　資本剰余金

（*1）　子会社（分離先企業）の企業結合日の株主資本及び評価差額×事業分離による親会社持分増加比率

（*2）　移転事業の株主資本相当額×移転事業に係る親会社持分減少比率

（注）　なお，上記資本剰余金は，以下の２つの資本剰余金の合計として算定することもできる。

　　ａ．内部取引の相殺

　　　「分離先企業に対して追加投資したとみなされる額」と，これに対応する「分離先企業の事業分離直前の資本（追加取得持分）」との差額は「**資本剰余金**」とする。

> 分離先企業に対するみなし投資額（*3）　−　親会社持分増加額（*1）　＝　資本剰余金

（*3）　子会社（分離先企業）の事業分離日の時価×事業分離による親会社持分増加比率

　　ｂ．親会社の持分変動による差額の計上

　　　「分離元企業（親会社）の事業が移転されたとみなされる額」と「移転した事業に係る分離元企業の持分減少額」との差額は「**資本剰余金**」とする。

> みなし移転事業額（*4）　−　移転事業に係る親会社持分減少額（*2）　＝　資本剰余金

（*4）　移転事業の事業分離直前の時価×移転事業に係る親会社持分減少比率

（注）　「みなし移転事業額（*4）」は「分離先企業に対するみなし投資額（*3）」と同額となる。

（注）　親会社の持分変動による差額は，子会社株式（分離先企業株式）の取得原価とこれに対応する分離元企業（親会社）の持分との差額としても算定することができる。

(2) 分離先企業が**関連会社**となる場合

① 個別上の処理

　　移転損益は認識せず，分離元企業（投資会社）が受け取った分離先企業株式（関連会社株式）の取得原価は「**移転した事業に係る株主資本相当額**」に基づいて算定する。

> 関連会社株式の取得原価 ＝ 移転事業の株主資本相当額 → 移転損益は生じない

② 持分法上の処理（共同支配企業の形成の場合は含まれない）

　　「関連会社（分離先企業）に係る分離元企業（投資会社）の持分増加額」と「移転した事業に係る分離元企業の持分減少額」との差額は，次のように処理する。

　ⅰ　事業分離により新たに関連会社となる場合

　　ａ．のれんの計上

　　　　「分離先企業に対して投資したとみなされる額」とこれに対応する「分離先企業の事業分離直前の資本（関連会社に係る分離元企業の持分増加額）」との差額は，投資に含め「**のれん又は負ののれん**」として処理する。

> 分離先企業に対するみなし投資額(*1) ー 投資会社持分増加額(*2) ＝ のれん

(*1)　関連会社（分離先企業）の事業分離直前の時価×事業分離による投資会社持分増加比率

(注)　事業分離前に，分離先企業の株式（売買目的有価証券又はその他有価証券）を保有している場合，「分離先企業に対して投資したとみなされる額」は，分離先企業の株式の取得ごとに取得の対価となる財の時価を算定し，それらを合算する。したがって，上記(*1)の金額に事業分離前に保有していた分離先企業株式の帳簿価額を加算して算定する。

(*2)　関連会社（分離先企業）の企業結合日の識別可能資産及び負債の時価

　　　　　　　　　　　　　　　　　　　　　　×事業分離による投資会社持分増加比率

　　ｂ．持分変動損益の計上

　　　　「分離元企業の事業が移転されたとみなされる額」と「移転した事業に係る分離元企業の持分減少額」との差額は「**持分変動損益**」とする。

> みなし移転事業額(*3) ー 移転事業に係る投資会社持分減少額(*4) ＝ 持分変動損益

(*3)　移転事業の事業分離直前の時価×移転事業に係る投資会社持分減少比率

(*4)　移転事業の株主資本相当額×移転事業に係る投資会社持分減少比率

(注)　持分変動損益は，関連会社株式（分離先企業株式）の取得原価とこれに対応する分離元企業（投資会社）の持分との差額としても算定することができる。

(注)　ａ．とｂ．のいずれかの金額に重要性が乏しいと考えられる場合には，重要性のある他の金額に含めて処理することができる。

　ⅱ　事業分離前から関連会社の場合（事業分離による関連会社株式の追加取得）

　　上記「ⅰ　事業分離により新たに関連会社となる場合」と同様である。

（3）分離先企業が**関係会社以外**となる場合（共同支配企業の形成の場合を除く）

　　分離元企業の個別上，分離元企業が受け取った分離先企業の株式の取得原価は「**時価**」により計上し，移転事業に係る株主資本相当額との差額は原則として，**移転損益とする。**

> **分離先企業株式の取得原価(*1)　－　移転事業の株主資本相当額　＝　移転損益**

　(*1)　移転した事業に係る時価又は当該分離先企業の株式の時価のうち，より高い信頼性をもって測定可能な時価に基づいて算定される。

5．まとめ

(1) 受取対価が現金等の財産のみである場合

分離先企業		分離元企業		
分離後	移転事業に係る資産負債の受入価額	受取対価の財の取得原価（現金）	個別上の処理	連結上の処理
子会社	簿価（共通支配下の取引）	簿価（共通支配下の取引）	移転損益を認識する	未実現損益の消去（全額）
関連会社	時価（取得）	時価（投資の清算）	移転損益を認識する	未実現損益の消去（持分相当額）
その他	時価（取得）	時価（投資の清算）	移転損益を認識する	

(2) 受取対価が分離先企業の株式のみである場合

分離先企業			分離元企業		
分離後	分離前	移転事業に係る資産負債の受入価額	受取対価の財の取得原価（株式）	個別上の処理	連結上の処理
子会社	その他（持分なし）	簿価（逆取得）	簿価（投資の継続）	移転損益は認識されない	のれんと資本剰余金の認識
子会社	その他（持分あり）	簿価（逆取得）	簿価（投資の継続）	移転損益は認識されない	のれんと資本剰余金の認識
子会社	子会社	簿価（共通支配下の取引）	簿価（投資の継続）	移転損益は認識されない	資本剰余金の認識
関連会社	その他（持分なし）	時価（取得）	簿価（投資の継続）	移転損益は認識されない	のれんと持分変動損益の認識
関連会社	その他（持分あり）	時価（取得）	簿価（投資の継続）	移転損益は認識されない	のれんと持分変動損益の認識
関連会社	関連会社	時価（取得）	簿価（投資の継続）	移転損益は認識されない	のれんと持分変動損益の認識
その他	その他（持分なし）		時価（投資の清算）	移転損益を認識する	

問3 及び 問4 について（親会社 → 関連会社）

Ⅰ．〔資料Ⅲ〕の空欄推定

　　諸　資　産：　7,229,000 ← 貸借差額

　　A社株式：　　 351,000 ← ×3年3月31日取得原価

Ⅱ．〔ケース3〕　受取対価が現金等の財産のみである場合

　1．個別上の処理

　　(1) SH社（投資の清算）

| (借) | X 事 業 負 債 | 48,000 | (貸) | X 事 業 資 産 | 192,000 |
| | 諸　　資　　産
（現 金 及 び 預 金） | 180,000(*1) | | 利 益 剰 余 金
（移　転　利　益） | 36,000 |

　　(*1)　時価

　　(2) A 社（取得）

| (借) | X 事 業 資 産 | 208,000(*1) | (貸) | X 事 業 負 債 | 48,000(*1) |
| | の　　れ　　ん | 20,000 | | 諸　　資　　産
（現 金 及 び 預 金） | 180,000 |

　　(3) 吸収分割後個別貸借対照表（ 問3 の解答）

貸 借 対 照 表

×5年3月31日

資　産	SH社	A　社	負債・純資産	SH社	A　社
諸　資　産	7,409,000	1,344,800	諸　負　債	776,800	164,800
X事業資産	—	ソ 208,000	X事業負債	—	48,000
の　れ　ん	—	タ 20,000	資　本　金	5,000,000	960,000
A 社 株 式	351,000	—	資本剰余金	600,000	—
			利益剰余金	チ1,383,200	400,000
合　計	7,760,000	1,572,800	合　計	7,760,000	1,572,800

2．持分法上の処理

(1) タイム・テーブル

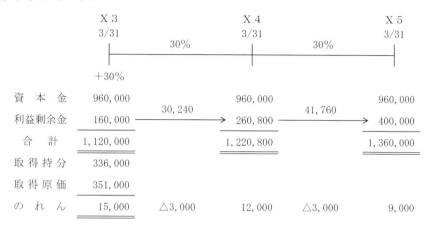

	X3 3/31		X4 3/31		X5 3/31
		30%		30%	
	+30%				
資　本　金	960,000		960,000		960,000
利益剰余金	160,000	30,240	260,800	41,760	400,000
合　　計	1,120,000		1,220,800		1,360,000
取 得 持 分	336,000				
取 得 原 価	351,000				
の　れ　ん	15,000	△3,000	12,000	△3,000	9,000

(2) 連結貸借対照表作成のための持分法適用仕訳

① 開始仕訳

ⅰ　×2年度末（30%取得）

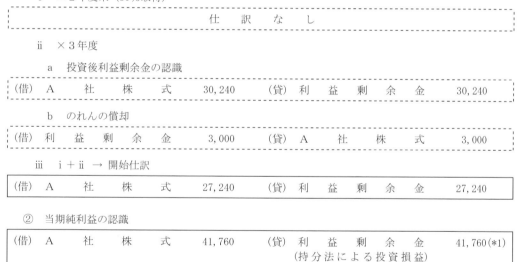

仕　訳　な　し

ⅱ　×3年度

a　投資後利益剰余金の認識

(借) A　社　株　式　　30,240　　(貸) 利　益　剰　余　金　　30,240

b　のれんの償却

(借) 利　益　剰　余　金　　3,000　　(貸) A　社　株　式　　3,000

ⅲ　ⅰ＋ⅱ　→　開始仕訳

(借) A　社　株　式　　27,240　　(貸) 利　益　剰　余　金　　27,240

② 当期純利益の認識

(借) A　社　株　式　　41,760　　(貸) 利　益　剰　余　金　　41,760(*1)
（持分法による投資損益）

(*1)（×5年3月31日利益剰余金400,000－×4年3月31日利益剰余金260,800）

×SH社持分比率30%＝41,760

③ のれんの償却

(借) 利　益　剰　余　金　　3,000　　(貸) A　社　株　式　　3,000
（持分法による投資損益）

④ 移転損益の修正

関連会社を分離先企業とした場合，移転損益は未実現損益の消去に準じて処理する。

(借) 利 益 剰 余 金 　　　（移 転 利 益）	10,800(*2)	(貸) Ａ 社 株 式	10,800

(*2) 移転利益36,000×ＳＨ社持分比率30%＝10,800

(3) 吸収分割後連結貸借対照表（ 問3 の解答）

連 結 貸 借 対 照 表

×5年3月31日

諸 資 産	ツ7,409,000	諸 負 債	776,800
Ａ 社 株 式	テ 406,200 (*3)	資 本 金	5,000,000
		資 本 剰 余 金	600,000
		利 益 剰 余 金	1,438,400
資 産 合 計	7,815,200	負債・純資産合計	7,815,200

(*3) T/T 資本合計1,360,000×ＳＨ社持分比率30%＋のれん未償却額9,000

－移転利益の修正10,800(*2)＝406,200

又は，351,000＋Ａ社T/T(30,240＋41,760－3,000×2年)－移転利益の修正10,800(*2)＝406,200

Ⅲ．〔ケース４〕　受取対価が分離先企業の株式のみである場合

	分割前	分割後
A　社	30%	＋７％ → 37%
X事業	100%	△63% → 37%

１．個別上の処理

(1) SH社（投資の継続）

(借)	X 事 業 負 債	48,000	(貸)	X 事 業 資 産	192,000
	A 社 株 式	144,000(*1)			

(*1)　X事業資産簿価192,000－X事業負債簿価48,000＝X事業の株主資本相当額144,000

(2) A 社（取得）

(借)	X 事 業 資 産	208,000(*2)	(貸)	X 事 業 負 債	48,000(*2)
	の れ ん	20,000		資 本 金	180,000(*3)

(*2)　時価

(*3)　X事業全体の時価

(3) 吸収分割後個別貸借対照表（ 問4 の解答)

貸 借 対 照 表
×５年３月31日

資　産	SH社	A　社	負債・純資産	SH社	A　社
諸 資 産	7,229,000	1,524,800	諸 負 債	776,800	164,800
X 事 業 資 産	—	ナ 208,000	X 事 業 負 債	—	48,000
の れ ん	—	ニ 20,000	資 本 金	5,000,000	ネ1,140,000
A 社 株 式	ト 495,000	—	資 本 剰 余 金	600,000	—
			利 益 剰 余 金	ヌ1,347,200	400,000
合 計	7,724,000	1,752,800	合 計	7,724,000	1,752,800

2．持分法上の処理

　　A社は取得したＸ事業に対してパーチェス法を適用しているが，連結の観点では，以下の仕訳のように，受け入れた資産及び負債はＳＨ社における事業分離前の適正な帳簿価額により計上し，Ｘ事業の株主資本相当額を増加資本とすべきである。したがって，持分法適用におけるＡ社の増加資本は 144,000（*1）と考える。

（*1）　Ｘ事業資産簿価192,000－Ｘ事業負債簿価48,000＝Ｘ事業の株主資本相当額144,000

（借）諸　　資　　産　144,000	（貸）資　　本　　金　144,000（*1）	

（1）タイム・テーブル

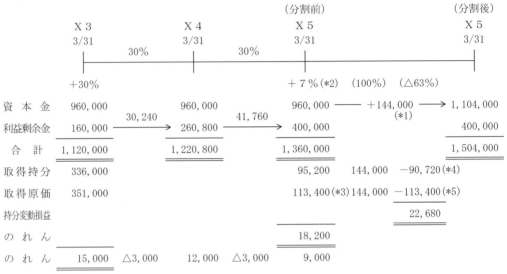

（*2）　37％－30％＝7％

（*3）　Ａ社の吸収分割直前の時価1,620,000×ＳＨ社追加取得比率7％（*2）＝113,400

（*4）　Ｘ事業の株主資本相当額144,000（*1）×Ｘ事業に係るＳＨ社持分減少比率63％＝90,720

（*5）　Ｘ事業時価180,000×Ｘ事業に係るＳＨ社持分減少比率63％＝113,400

（注）　「分離先企業に対して投資したとみなされる額」とこれに対応する「分離先企業の事業分離直前の資本（関連会社に係る分離元企業の持分増加額）」との差額は，投資に含め「のれん」とする。

（注）　「みなし移転事業額（*5）」は「分離先企業に対するみなし投資額（*3）」と同額となる。

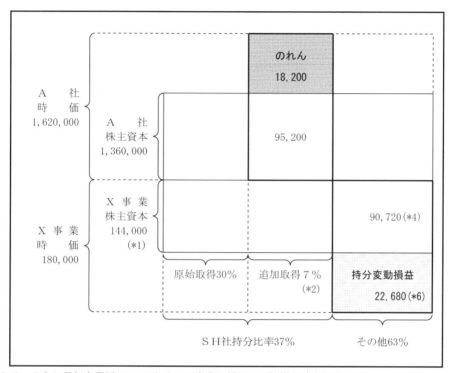

(*6)　みなし移転事業額113,400(*5)－Ｘ事業に係るＳＨ社持分減少額90,720(*4)＝22,680

　　　又は，（Ｘ事業時価180,000－Ｘ事業の株主資本相当額144,000(*1)）

　　　　　　　　　　　　　　　　　　　　　　×Ｘ事業に係るＳＨ社持分減少比率63％＝22,680

(2) 連結貸借対照表作成のための持分法適用仕訳

① 開始仕訳

i ×2年度末（30％取得）

```
          仕  訳  な  し
```

ii ×3年度

a 投資後利益剰余金の認識

```
(借) A 社 株 式    30,240    (貸) 利 益 剰 余 金    30,240
```

b のれんの償却

```
(借) 利 益 剰 余 金    3,000    (貸) A 社 株 式    3,000
```

iii i + ii → 開始仕訳

```
(借) A 社 株 式    27,240    (貸) 利 益 剰 余 金    27,240
```

② 当期純利益の認識

```
(借) A 社 株 式    41,760    (貸) 利 益 剰 余 金    41,760(*7)
                                  (持分法による投資損益)
```

(*7) （×5年3月31日利益剰余金400,000－×4年3月31日利益剰余金260,800)

×SH社持分比率30％＝41,760

③ のれんの償却

```
(借) 利 益 剰 余 金    3,000    (貸) A 社 株 式    3,000
    (持分法による投資損益)
```

④ 追加取得（7％取得）

```
          仕  訳  な  し
```

⑤ 持分変動損益の認識

```
(借) A 社 株 式    22,680    (貸) 利 益 剰 余 金    22,680(*6)
                                  (持 分 変 動 損 益)
```

(3) 吸収分割後連結貸借対照表（ 問4 の解答）

連 結 貸 借 対 照 表

×5年3月31日

諸 資 産	ノ7,229,000	諸 負 債	776,800
A 社 株 式	ハ 583,680 (*8)	資 本 金	5,000,000
		資 本 剰 余 金	600,000
		利 益 剰 余 金	1,435,880
資 産 合 計	7,812,680	負債・純資産合計	7,812,680

(*8) T/T 資本合計1,504,000×SH社持分比率37％＋のれん未償却額(9,000＋18,200)＝583,680

又は，495,000＋A社T/T(30,240＋41,760－3,000×2年)＋22,680(*6)＝583,680

問5 及び 問6 について（親会社 → 関係会社以外）

Ⅰ．〔資料Ⅲ〕の空欄推定

　　　諸　資　産：7,580,000 ← 貸借差額

　　　Ａ社株式：　　　―

Ⅱ．〔ケース５〕　受取対価が現金等の財産のみである場合

　1．ＳＨ社（投資の清算）

（借）Ｘ　事　業　負　債	48,000	（貸）Ｘ　事　業　資　産	192,000
諸　　　資　　　産 （現　金　及　び　預　金）	180,000(*1)	利　益　剰　余　金 （移　　転　　利　　益）	36,000

　　（*1）　時価

　2．Ａ　社（取得）

（借）Ｘ　事　業　資　産	208,000(*1)	（貸）Ｘ　事　業　負　債	48,000(*1)
の　　　れ　　　ん	20,000	諸　　　資　　　産 （現　金　及　び　預　金）	180,000

　3．吸収分割後個別貸借対照表（ 問5 の解答）

貸 借 対 照 表

×5年3月31日

資　産	ＳＨ社	Ａ　社	負債・純資産	ＳＨ社	Ａ　社
諸　　資　　産	7,760,000	1,344,800	諸　　負　　債	776,800	164,800
Ｘ事業資産	―	ヒ　208,000	Ｘ事業負債	―	48,000
の　　れ　　ん	―	フ　20,000	資　　本　　金	5,000,000	960,000
Ａ　社　株　式	―	―	資本剰余金	600,000	―
			利益剰余金	へ1,383,200	400,000
合　　　計	7,760,000	1,572,800	合　　　計	7,760,000	1,572,800

Ⅲ．〔ケース６〕 受取対価が分離先企業の株式のみである場合

1．ＳＨ社（投資の清算）

（借）	Ｘ 事 業 負 債	48,000	（貸）	Ｘ 事 業 資 産	192,000
	Ａ 社 株 式	180,000(*1)		利 益 剰 余 金 （移 転 利 益）	36,000

(*1) 時価

2．Ａ社（取得）

（借）	Ｘ 事 業 資 産	208,000(*1)	（貸）	Ｘ 事 業 負 債	48,000(*1)
	の れ ん	20,000		資 本 金	180,000(*2)

(*2) Ｘ事業全体の時価

3．吸収分割後個別貸借対照表（ 問6 の解答）

貸 借 対 照 表
×5年3月31日

資 産	ＳＨ社	Ａ 社	負債・純資産	ＳＨ社	Ａ 社
諸 資 産	7,580,000	1,524,800	諸 負 債	776,800	164,800
Ｘ事業資産	—	マ 208,000	Ｘ事業負債	—	48,000
の れ ん	—	ミ 20,000	資 本 金	5,000,000	メ 1,140,000
Ａ社株式	ホ 180,000	—	資本剰余金	600,000	—
			利益剰余金	ム 1,383,200	400,000
合 計	7,760,000	1,752,800	合 計	7,760,000	1,752,800

〔MEMO〕

　H社の吸収分割に関する下記の〔資料〕に基づいて，〔資料Ⅶ〕の①～⑳に当てはまる金額を答案用紙の所定の欄に記入しなさい。

〔資料Ⅰ〕　解答上の留意事項

　1．各社の当事業年度は，×7年3月31日を決算日とする1年である。

　2．のれんは，発生年度の翌年度から10年間にわたり定額法により償却する。

　3．増加すべき払込資本は全額資本金とする。

　4．税効果会計は無視する。

　5．金額がゼロの場合には「―」を記入する。

　6．現金での取引は諸資産勘定で処理すること。

〔資料Ⅱ〕　吸収分割の概要

　1．甲事業

　(1) H社は×7年3月31日に甲事業をS社に移転し，現金 100,000千円及びS社株式18,400千株（すべて新株）を受け取った。その結果，S社はH社の子会社となった。なお，H社は吸収分割前にS社株式を保有していない。

　(2) 吸収分割直前のH社における甲事業資産の簿価及び時価は 2,980,000千円及び 3,017,000千円，甲事業負債の簿価及び時価は 1,110,000千円で一致していた。また，甲事業全体の時価は 2,032,000千円であった。

　2．乙事業

　(1) H社は×7年3月31日に乙事業をG社に移転し，現金88,000千円及びG社株式 280千株（すべて新株）を受け取った。その結果，G社はH社の関連会社となった。なお，H社は吸収分割前にG社株式を保有していない。

　(2) 吸収分割直前のH社における乙事業資産の簿価及び時価は 106,000千円及び 110,000千円，乙事業負債の簿価及び時価は24,000千円で一致していた。また，乙事業全体の時価は180,400千円であった。

　3．丙事業

　(1) H社は×7年3月31日に丙事業をW社に移転し，W社株式 3,000千株（すべて新株）を受け取った。なお，H社は×6年3月31日にW社株式 1,400千株を26円／株で取得し，W社を子会社として支配している。

　(2) 吸収分割直前のH社における丙事業資産の簿価及び時価は91,000千円及び 100,000千円，丙事業負債の簿価及び時価は15,000千円で一致しており，その他有価証券評価差額金は 6,000千円であった。また，丙事業全体の時価は87,000千円であった。

〔資料Ⅲ〕　H社に関する事項

　1．H社における吸収分割直前の資本勘定は以下のとおりである。

資本金	資本剰余金	利益剰余金	その他有価証券評価差額金
4,500,000千円	500,000千円	1,850,000千円	6,000千円

〔資料Ⅳ〕　S社に関する事項

1．S社における吸収分割直前の資本勘定は以下のとおりである。

資本金	利益剰余金
330,000千円	118,000千円

2．S社における×7年3月31日の土地の簿価と時価は以下のとおりである。なお，土地以外の資産及び負債について，簿価と時価の乖離は生じていない。

簿　価	時　価
278,000千円	286,000千円

3．S社の吸収分割直前の発行済株式総数は 4,600千株である。

4．S社の吸収分割直前の株価は 105円／株である。

〔資料Ⅴ〕　G社に関する事項

1．G社における吸収分割直前の資本勘定は以下のとおりである。

資本金	利益剰余金
260,000千円	66,000千円

2．G社における×7年3月31日の土地の簿価と時価は以下のとおりである。なお，土地以外の資産及び負債について，簿価と時価の乖離は生じていない。

簿　価	時　価
192,000千円	195,000千円

3．G社の吸収分割直前の発行済株式総数は 1,120千株である。

4．G社の吸収分割直前の株価は 330円／株である。

〔資料Ⅵ〕　W社に関する事項

1．W社における資本勘定は以下のとおりである。

	資本金	利益剰余金
×6年3月31日	20,000千円	15,000千円
吸収分割直前	20,000千円	16,000千円

2．W社における×6年3月31日の土地の簿価と時価は以下のとおりである。なお，土地以外の資産及び負債について，簿価と時価の乖離は生じていない。

簿　価	時　価
19,200千円	33,200千円

3．W社の吸収分割直前の発行済株式総数は 2,000千株である。

4．W社の吸収分割直前の株価は29円／株である。

〔資料Ⅶ〕　吸収分割後貸借対照表

1．個別貸借対照表（単位：千円）

貸 借 対 照 表
×7年3月31日

資　　産	H　社	S　社	G　社	W　社
諸　　資　　産	4,864,600	313,000	181,500	78,800
甲 事 業 資 産	—	⑤	—	—
乙 事 業 資 産	—	—	⑧	—
丙 事 業 資 産	—	—	—	？
土　　　　　地	2,480,000	278,000	192,000	19,200
の　　れ　　ん	—	⑥	⑨	？
S　社　株　式	①	—	—	—
G　社　株　式	②	—	—	—
W　社　株　式	③	—	—	—
合　　計	？	？	？	？

負債・純資産	H　社	S　社	G　社	W　社
諸　　負　　債	2,365,000	243,000	135,500	62,000
甲 事 業 負 債	—	？	—	—
乙 事 業 負 債	—	—	？	—
丙 事 業 負 債	—	—	—	？
資　　本　　金	4,500,000	⑦	⑩	⑪
資 本 剰 余 金	500,000	—	—	—
利 益 剰 余 金	④	118,000	66,000	16,000
その他有価証券評価差額金	？	—	—	⑫
合　　計	？	？	？	？

2．連結貸借対照表（単位：千円）

連 結 貸 借 対 照 表
×7年3月31日

諸　　資　　産	5,256,400	諸　　負　　債	2,670,000
甲 事 業 資 産	？	甲 事 業 負 債	？
丙 事 業 資 産	⑬	丙 事 業 負 債	？
土　　　　　地	⑭	資　　本　　金	？
の　　れ　　ん	⑮	資 本 剰 余 金	⑰
G　社　株　式	⑯	利 益 剰 余 金	⑱
		その他有価証券評価差額金	⑲
		非 支 配 株 主 持 分	⑳
資　産　合　計	？	負債・純資産合計	？

【ＭＥＭＯ】

【解 答】

①	1,770,000	②	—	③	106,400	④	1,856,000
⑤	2,980,000	⑥	—	⑦	2,100,000	⑧	110,000
⑨	94,400	⑩	352,400	⑪	90,000	⑫	6,000
⑬	91,000	⑭	2,799,200	⑮	23,490	⑯	72,720
⑰	533,000	⑱	1,929,210	⑲	5,280	⑳	460,320

【採点基準】

5点×20箇所＝100点

【解答時間及び得点】

	日 付	解答時間	得 点	M E M O
1	／	分	点	
2	／	分	点	
3	／	分	点	
4	／	分	点	
5	／	分	点	

【チェック・ポイント】

出題分野	出題論点	日 付				
		／	／	／	／	／
事 業 分 離	受取対価が現金等の財産と分離先企業の株式の場合					
	その他有価証券評価差額金を計上している事業を分離した場合					

【解答への道】（単位：千円）

Ⅰ．個別上の処理

　1．H　社

　（1）対S社

	分割前	分割後
S　社 (4,600千株)	0 ％ —— +80% ——→ 80%	
甲事業 (18,400千株＋現金)	100% —— △20% ——→ 80%	

　　　　分離元企業が「受け取った現金等の財産」は「移転前に付された適正な帳簿価額」により計上する。この結果，当該価額が移転した事業に係る株主資本相当額を下回る場合には，当該差額を取得する分離先企業の株式の取得原価とする（移転損益は生じない）。

（借）甲　事　業　負　債	1,110,000	（貸）甲　事　業　資　産	2,980,000
諸　　資　　産 （現　　　　金）	100,000(*1)		
S　社　株　式	1,770,000(*2)		

（*1）　移転前に付された適正な子会社S社の帳簿価額

（*2）　貸借差額

　（2）対G社

	分割前	分割後
G　社 (1,120千株)	0 ％ —— +20% ——→ 20%	
乙事業 (280千株＋現金)	100% —— △80% ——→ 20%	

　　　　分離元企業が「受け取った現金等の財産」は「時価」により計上する。この結果，当該価額が移転した事業に係る株主資本相当額を上回る場合には，原則として，当該差額を移転利益として認識し，取得する分離先企業の株式の取得原価はゼロとする。

（借）乙　事　業　負　債	24,000	（貸）乙　事　業　資　産	106,000
諸　　資　　産 （現　　　　金）	88,000(*3)	利　益　剰　余　金 （移　転　利　益）	6,000
G　社　株　式	0		

（*3）　時価

(3) 対W社（投資の継続）

	分割前	分割後
W 社 (4,600千株)	70% ———— +18% ————→	88%
丙事業 (3,000千株)	100% ———— △12% ————→	88%

（借）	丙 事 業 負 債	15,000	（貸）	丙 事 業 資 産	91,000
	W 社 株 式	70,000(*4)			
	その他有価証券評価差額金	6,000			

(*4) H社における丙事業の適正な帳簿価額による株主資本相当額

2．S 社（逆取得）

（借）	甲 事 業 資 産	2,980,000(*5)	（貸）	甲 事 業 負 債	1,110,000(*5)
				諸 資 産 （現 金）	100,000
				資 本 金	1,770,000(*2)

(*5) H社における適正な帳簿価額

3．G 社（取得）

（借）	乙 事 業 資 産	110,000(*3)	（貸）	乙 事 業 負 債	24,000(*3)
	の れ ん	94,400		諸 資 産 （現 金）	88,000
				資 本 金	92,400(*6)

(*6) 株価@330円×280千株＝時価92,400

4．W 社（共通支配下の取引）

（借）	丙 事 業 資 産	91,000(*7)	（貸）	丙 事 業 負 債	15,000(*7)
				資 本 金	70,000(*4)
				その他有価証券評価差額金	6,000(*7)

(*7) H社における適正な帳簿価額

(注) 吸収分割により移転された事業に係るその他有価証券評価差額金については，分離元企業の移転直前の適正な帳簿価額を引き継ぐ。

5．吸収分割後個別貸借対照表

貸 借 対 照 表
×7年3月31日

資 産	H 社	S 社	G 社	W 社
諸 資 産	4,864,600	313,000	181,500	78,800
甲 事 業 資 産	—	⑤2,980,000	—	—
乙 事 業 資 産	—	—	⑧ 110,000	—
丙 事 業 資 産	—	—	—	91,000
土 地	2,480,000	278,000	192,000	19,200
の れ ん	—	⑥ —	⑨ 94,400	
S 社 株 式	①1,770,000	—	—	—
G 社 株 式	② —	—	—	—
W 社 株 式	③ 106,400 (*8)	—	—	—
合 計	9,221,000	3,571,000	577,900	189,000

負債・純資産	H 社	S 社	G 社	W 社
諸 負 債	2,365,000	243,000	135,500	62,000
甲 事 業 負 債	—	1,110,000	—	—
乙 事 業 負 債	—	—	24,000	—
丙 事 業 負 債	—	—	—	15,000
資 本 金	4,500,000	⑦2,100,000	⑩ 352,400	⑪ 90,000
資 本 剰 余 金	500,000			
利 益 剰 余 金	④1,856,000	118,000	66,000	16,000
その他有価証券評価差額金	—	—	—	⑫ 6,000
合 計	9,221,000	3,571,000	577,900	189,000

（*8）　@26円×1,400千株＋70,000（*4）＝106,400

Ⅱ．連結上の処理

1．S社に係る連結修正仕訳等

(1) 評価差額の計上

(借) 土　　　　　　地	8,000(*1)	(貸) 評　価　差　額	8,000

(*1) ×7年3月31日(時価286,000−簿価278,000)＝8,000

(2) タイム・テーブル

以下のタイム・テーブルにおける(100%)及び(△20%)は移転事業に係る分離前H社持分比率 100%と事業分離によるH社持分減少比率20%を示している。

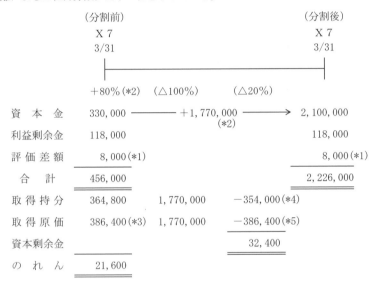

(*2) $\dfrac{\text{H社所有株式数18,400千株}}{\text{S社発行済株式総数(4,600千株＋18,400千株)}}＝80\%$

(*3) S社の吸収分割直前の時価483,000(*6)×H社持分比率80%(*2)＝386,400

(*4) ｛甲事業の株主資本相当額(2,980,000−1,110,000)−現金等の財産100,000｝

×甲事業に係るH社持分減少比率20%＝354,000

(*5) (甲事業の吸収分割直前の時価2,032,000−現金等の財産100,000(*1))

×甲事業に係るH社持分減少比率20%＝386,400

(*6) 株価@105円×S社発行済株式総数4,600千株＝483,000

(注) 「みなし移転事業額(*5)」は「分離先企業に対するみなし投資額(*3)」と同額となる。

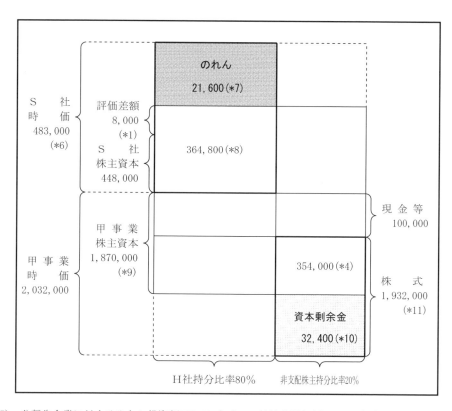

（＊7） 分離先企業に対するみなし投資額386,400（＊3）－H社持分増加額364,800（＊8）＝21,600

（＊8） T/T 資本合計456,000×H社取得比率80％（＊2）＝364,800

（＊9） 甲事業資産2,980,000－甲事業負債1,110,000＝1,870,000

（＊10） みなし移転事業額386,400（＊5）－移転事業に係るH社持分減少額354,000（＊4）＝32,400

又は，（甲事業時価2,032,000－現金等の財産100,000－S社株式取得原価1,770,000）

×甲事業に係るH社持分減少比率20％＝32,400

（＊11） 株価＠105円×S社株式18,400千株＝1,932,000

(3) 連結貸借対照表作成のための連結修正仕訳

① 投資と資本の相殺消去

(借)	資　　　本　　　金	330,000	(貸)	S　社　株　式	386,400(*3)
	利　益　剰　余　金	118,000		非　支　配　株　主　持　分	91,200(*12)
	評　価　差　額	8,000(*1)			
	の　　れ　　ん	21,600			

(*12) T/T 資本合計456,000×非支配株主持分比率20%＝91,200

② 移転事業に係る投資と資本の相殺消去

(借)	資　　　本　　　金	1,770,000	(貸)	S　社　株　式	1,383,600(*13)
				非　支　配　株　主　持　分	354,000(*4)
				資　本　剰　余　金	32,400(*10)

(*13) S社株式取得原価1,770,000－386,400(*3)＝1,383,600

(注) 上記仕訳は以下のように分解して考えてもよい。

　　　ⅰ　内部取引の相殺（100%）

(借)	資　　　本　　　金	1,770,000	(貸)	S　社　株　式	1,770,000

　　　ⅱ　持分の減少（△20%）

(借)	S　社　株　式	386,400(*5)	(貸)	非　支　配　株　主　持　分	354,000(*4)
				資　本　剰　余　金	32,400(*10)

2．G社に係る持分法適用仕訳等

(1) 評価差額の計上（部分時価評価法）

| (借) | 土 地 | 600(*1) | (貸) | 評 価 差 額 | 600 |

(*1)　×7年3月31日（時価195,000－簿価192,000)×H社取得比率20%(*2)=600

(*2)　$\dfrac{\text{H社所有株式数280千株}}{\text{G社発行済株式総数(1,120千株＋280千株)}}=20\%$

(2) 持分法上あるべき事業譲受の仕訳

　　G社は取得した乙事業に対してパーチェス法を適用し，資本金を92,400増加させている。しかし，連結の観点では，以下の仕訳のように，受け入れた資産及び負債はH社における事業分離前の適正な帳簿価額により計上し，乙事業の株主資本相当額から現金を控除した金額（マイナスの場合にはゼロ）を増加資本と考えるべきである。したがって，持分法適用におけるG社の増加資本は，資本金0円と考えていく。

(借)	乙 事 業 資 産	106,000	(貸)	乙 事 業 負 債	24,000
	の れ ん	6,000		諸 資 産 (現 金)	88,000
				資 本 金	0

(3) タイム・テーブル

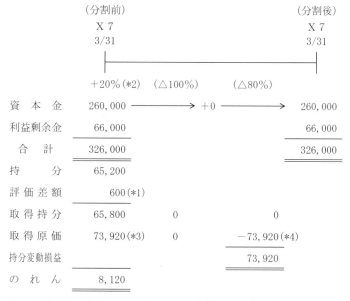

	(分割前) X7 3/31			(分割後) X7 3/31
	+20%(*2)	(△100%)	(△80%)	
資 本 金	260,000	+0		260,000
利 益 剰 余 金	66,000			66,000
合 計	326,000			326,000
持 分	65,200			
評 価 差 額	600(*1)			
取 得 持 分	65,800	0	0	
取 得 原 価	73,920(*3)	0	−73,920(*4)	
持 分 変 動 損 益			73,920	
の れ ん	8,120			

(*3)　G社の吸収分割直前の時価369,600(*5)×H社取得比率20%(*2)=73,920

(*4)　G社株式取得原価0−73,920(*3)=△73,920

(注)　「みなし移転事業額(*8)」は「分離先企業に対するみなし投資額(*3)」と同額となる。

(*5)　株価@330円×G社発行済株式総数1,120千株=369,600

(4) 連結貸借対照表作成のための持分法適用仕訳

① 原始取得（20%取得）

仕　訳　な　し

② 移転利益の修正

移転利益は未実現損益の消去に準じて処理する。

(借) 利　益　剰　余　金	1,200(*6)	(貸) G　社　株　式	1,200
（移　　転　　利　　益）			

(*6)　移転利益6,000×H社持分比率20%(*2)＝1,200

③ 持分変動損益の認識

(借) G　社　株　式	73,920	(貸) 利　益　剰　余　金	73,920(*7)
		（持　分　変　動　損　益）	

(*7)　みなし移転事業額73,920(*8)－乙事業に係るH社持分減少額0＝73,920

又は，（乙事業時価180,400－現金等の財産88,000－G社株式取得原価0）

×乙事業に係るH社持分減少比率80%＝73,920

(*8)　（乙事業時価180,400－現金等の財産88,000）×乙事業に係るH社持分減少比率80%＝73,920

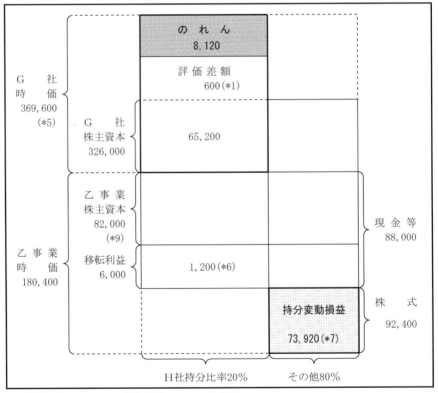

(*9)　乙事業資産106,000－乙事業負債24,000＝82,000

３．W社に係る連結修正仕訳等

(1) 評価差額の計上

(借) 土 地	14,000(*1)	(貸) 評 価 差 額	14,000

(*1) ×6年3月31日(時価33,200－簿価19,200)＝14,000

(2) タイム・テーブル

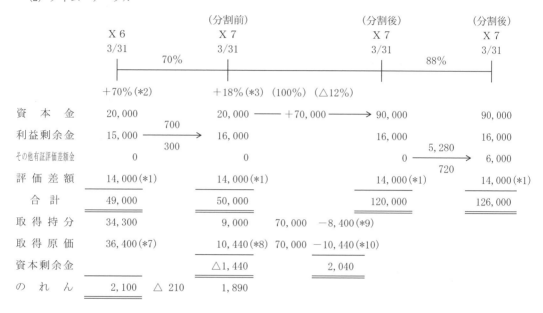

(*2) 吸収分割前保有W社株式数1,400千株÷W社発行済株式総数2,000千株＝70%

(*3) 88%(*4)－70%(*2)＝18%

(*4) 4,400株(*5)÷5,000株(*6)＝88%

(*5) 吸収分割前保有W社株式数1,400株＋吸収分割による交付株式数3,000株＝4,400株

(*6) W社発行済株式総数2,000株＋吸収分割による交付株式数3,000株＝5,000株

(*7) @26円×原始取得1,400千株＝36,400

(*8) W社時価58,000(*11)×追加取得比率18%(*3)＝10,440

(*9) 丙事業の株主資本相当額70,000×丙事業に係るH社持分減少比率12%＝8,400

(*10) 丙事業時価87,000×丙事業に係るH社持分減少比率12%＝10,440

(注) 「みなし移転事業額(*10)」は「分離先企業に対するみなし投資額(*8)」と同額となる。

(*11) 吸収分割時株価@29円×W社発行済株式総数2,000千株＝58,000

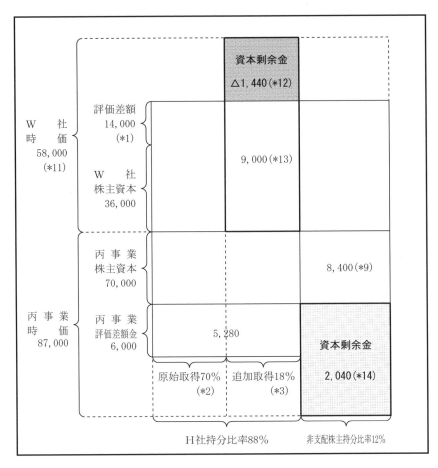

(*12) 分離先企業に対するみなし投資額10,440(*8)－H社持分増加額9,000(*13)＝1,440

(*13) T/T 資本合計50,000×H社追加取得比率18％＝9,000

(*14) みなし移転事業額10,440(*10)－丙事業に係るH社持分減少額8,400(*9)＝2,040

   又は，（丙事業時価87,000－丙事業の株主資本相当額70,000）

             ×丙事業に係るH社持分減少比率12％＝2,040

(3) 連結貸借対照表作成のための連結修正仕訳

① 開始仕訳

(借)	資 本 金	20,000	(貸)	W 社 株 式	36,400(*7)
	利 益 剰 余 金	15,000		非 支 配 株 主 持 分	14,700(*15)
	評 価 差 額	14,000(*1)			
	の れ ん	2,100			

(*15) T/T 資本合計49,000×非支配株主持分比率30%＝14,700

② 当期純利益の按分

(借)	利 益 剰 余 金	300	(貸)	非 支 配 株 主 持 分	300(*16)
	(非支配株主に帰属する当期純損益)				

(*16) 当期純利益(16,000－15,000)×非支配株主持分比率30%＝300

③ のれんの償却

(借)	利 益 剰 余 金	210	(貸)	の れ ん	210
	(の れ ん 償 却 額)				

④ 事業分離による追加取得

(借)	資 本 金	70,000	(貸)	W 社 株 式	70,000
	その他有価証券評価差額金	720(*17)		非 支 配 株 主 持 分	120(*18)
				資 本 剰 余 金	600(*19)

(*17) 丙事業に係るその他有価証券評価差額金6,000×丙事業に係るH社持分減少比率12%＝720

(*18) (丙事業の株主資本相当額70,000＋その他有価証券評価差額金6,000)

　　　　　　　　×丙事業に係るH社持分減少比率12%－H社持分増加額9,000(*13)＝120

(*19) H社持分増加額9,000(*13)－移転事業に係る親会社持分減少額8,400(*9)＝600

(注)　上記仕訳は以下のように分解して考えてもよい。

　　ⅰ　追加取得(18%)

(借)	非 支 配 株 主 持 分	9,000(*13)	(貸)	W 社 株 式	10,440(*8)
	資 本 剰 余 金	1,440(*12)			

　　ⅱ　移転事業に係る投資と資本の相殺消去(その他有価証券評価差額金は含まない)

(借)	資 本 金	70,000	(貸)	W 社 株 式	59,560(*20)
				非 支 配 株 主 持 分	8,400(*9)
				資 本 剰 余 金	2,040(*14)

(*20) W社株式取得原価70,000－10,440(*8)＝59,560

　　ⅲ　支配獲得後その他有価証券評価差額金の按分

(借)	その他有価証券評価差額金	720(*17)	(貸)	非 支 配 株 主 持 分	720

4．吸収分割後連結貸借対照表

連 結 貸 借 対 照 表

×7年3月31日

諸　　資　　産		5,256,400	諸　　負　　債		2,670,000
甲 事 業 資 産		2,980,000	甲 事 業 負 債		1,110,000
丙 事 業 資 産	⑬	91,000	丙 事 業 負 債		15,000
土　　　　地	⑭	2,799,200	資　　本　　金		4,500,000
の　　れ　　ん	⑮	23,490	資 本 剰 余 金	⑰	533,000
G　社　株　式	⑯	72,720 (*1)	利 益 剰 余 金	⑱	1,929,210
			その他有価証券評価差額金	⑲	5,280
			非 支 配 株 主 持 分	⑳	460,320 (*2)
資　産　合　計		11,222,810	負債・純資産合計		11,222,810

(*1)　G社T/T 資本合計326,000×H社持分比率20％＋評価差額600＋のれん未償却額8,120

－移転損益の修正1,200＝72,720

(*2)　S社T/T 資本合計2,226,000×非支配株主持分比率20％

＋W社T/T 資本合計126,000×非支配株主持分比率12％＝460,320

（参考１）　受取対価が現金等の財産と分離先企業の株式である場合の分離元企業の会計処理

１．子会社を分離先企業として行われた場合

（1）個別上の処理

　　　共通支配下の取引又はこれに準ずる取引として，分離元企業が「受け取った現金等の財産」は，「**移転前に付された適正な帳簿価額**」により計上する。

　　　この結果，当該価額が移転した事業に係る株主資本相当額を**上回る場合**には，原則として，当該差額を**移転利益**として認識（取得する**分離先企業の株式の取得原価はゼロ**とする）し，**下回る場合**には，当該差額を取得する**分離先企業の株式の取得原価**（移転損益は生じない）とする。

　　① 現金等の受取財産の移転前簿価 ＞ 移転事業の株主資本相当額

現金等の受取財産の移転前簿価 － 移転事業の株主資本相当額 ＝ 移転利益

（借）現　　　　　　　　　　金	×××(*1)	（貸）諸　　　　資　　　　産	×××(*2)
関　係　会　社　株　式	0	移　　転　　利　　益	×××(*3)

（*1）移転前に付された適正な帳簿価額

（*2）移転した事業に係る株主資本相当額

（*3）貸借差額

　　② 現金等の受取財産の移転前簿価 ＜ 移転事業の株主資本相当額

移転事業の株主資本相当額 － 現金等の受取財産の移転前簿価 ＝ 子会社株式の取得原価

（借）現　　　　　　　　　　金	×××(*1)	（貸）諸　　　　資　　　　産	×××(*2)
関　係　会　社　株　式	×××(*3)	移　　転　　利　　益	0

（2）連結上の処理

　　　移転利益は未実現損益の消去に準じて処理する。

　　　また，事業分離により追加取得した場合，「子会社（分離先企業）に係る分離元企業（親会社）の持分増加額」と「移転した事業に係る分離元企業の持分減少額」との間に生じる差額は「**資本剰余金**」とする。

親会社持分増加額 － 移転事業に係る親会社持分減少額 ＝ 資本剰余金

2．関連会社を分離先企業として行われた場合

(1) 個別上の処理

分離元企業で受け取った現金等の財産は，原則として「**時価**」により計上する。

この結果，当該時価が移転した事業に係る株主資本相当額を**上回る場合**には，原則として，当該差額を**移転利益**として認識（**取得する分離先企業の株式の取得原価はゼロとする**）し，**下回る場合**には，当該差額を取得する**分離先企業の株式の取得原価**（移転損益は生じない）とする。

① 現金等の受取財産の時価 ＞ 移転事業の株主資本相当額

現金等の受取財産の時価 － 移転事業の株主資本相当額 ＝ 移転利益

(借)	現	金	×××(*1)	(貸)	諸	資	産	×××(*2)
	関 係 会 社 株 式		0		移	転 利	益	×××(*3)

(*1) 時価

(*2) 移転した事業に係る株主資本相当額

(*3) 貸借差額

② 現金等の受取財産の時価 ＜ 移転事業の株主資本相当額

移転事業の株主資本相当額 － 現金等の受取財産の時価 ＝ 関連会社株式の取得原価

(借)	現	金	×××(*1)	(貸)	諸	資	産	×××(*2)
	関 係 会 社 株 式		×××(*3)		移	転 利	益	0

(2) 持分法上の処理（共同支配企業の形成の場合は含まれない）

移転利益は未実現損益の消去に準じて処理する。

また，関連会社に係る分離元企業の持分増加額と，移転した事業に係る分離元企業の持分減少額との間に生ずる差額は，受取対価が分離先企業の株式のみである場合の分離元企業の会計処理に準じて，原則として，「**のれん（又は負ののれん）**」と「**持分変動損益**」に区分して処理する。

① のれんの計上

分離先企業に対するみなし投資額 － 投資会社持分増加額 ＝ のれん

② 持分変動損益の計上

みなし移転事業額 － 移転事業に係る投資会社持分減少額 ＝ 持分変動損益

3．関係会社以外を分離先企業として行われた場合（共同支配企業の形成の場合を除く）

分離先企業の株式のみを受取対価とする場合における分離元企業の会計処理に準じて，分離元企業の個別上，原則として，**移転損益**が認識される。

現金等の時価 ＋ 分離先企業株式の取得原価(*1) － 移転事業の株主資本相当額 ＝ 移転損益

(*1) 移転した事業に係る時価又は当該分離先企業の株式の時価のうち，より高い信頼性をもって測定可能な時価に基づいて算定される。

（参考２） その他有価証券評価差額金を計上している事業を分離した場合

１．受取対価が現金等の財産のみである場合（子会社を分離先企業として行われた場合）

(1) 個別上の処理

共通支配下の取引として，分離元企業が「受け取った現金等の財産」は「移転前に付された適正な子会社の帳簿価額」により計上し，「移転した事業に係る資産及び負債の移転直前の適正な帳簿価額による**株主資本相当額（その他有価証券評価差額金は含まない点に注意する）**」との差額は，原則として「**移転損益**」とする。

> 現金等の受取財産の移転前簿価 － 移転事業の株主資本相当額 ＝ 移転損益

(2) 連結上の処理

移転損益は，**未実現損益の消去**に準じて処理する。

２．受取対価が分離先企業の株式のみである場合（事業分離により新たに子会社となる場合）

(1) 個別上の処理

移転損益は認識せず，分離元企業が受け取った分離先企業の株式（子会社株式）の取得原価は，「移転した事業に係る資産及び負債の移転直前の適正な帳簿価額による**株主資本相当額（その他有価証券評価差額金は含まない点に注意する）**」に基づいて算定する。

> 子会社株式の取得原価 ＝ 移転事業の株主資本相当額 → 移転損益は生じない

(2) 連結上の処理

事業分離における「子会社（分離先企業）に係る分離元企業（親会社）の持分増加額」と「移転した事業に係る分離元企業の持分減少額」との間に生ずる差額は，次のように処理する。

① のれんの計上

> 分離先企業に対するみなし投資額 － 親会社持分増加額 ＝ のれん

② 親会社の持分変動による差額の計上

> みなし移転事業額(*1) － 移転事業に係る親会社持分減少額(*2) ＝ 資本剰余金

(*1) 移転事業の事業分離直前の時価×移転事業に係る親会社持分減少比率

(*2) 移転事業の株主資本相当額（その他有価証券評価差額金は含まない点に注意する）

×移転事業に係る親会社持分減少比率

(注) 親会社の持分変動による差額は子会社株式（分離先企業株式）の取得原価とこれに対応する分離元企業（親会社）の持分（その他有価証券評価差額金を含まない点に注意する）との差額としても算定することができる。

問題1　以下の〔資料〕に基づいて，Ｉ社とＴ社の企業結合に関する下記の各問に答えなさい。なお，Ｉ社及びＴ社の事業年度は，４月１日に開始し，翌年３月31日に終了する１年である。

〔資料〕

1．Ｉ社は，×５年３月31日にＴ社発行済株式総数の70%（56,000株）を 470,000千円で取得し，Ｔ社を子会社とした。なお，×５年３月31日におけるＴ社の個別貸借対照表は以下のとおりである。

貸 借 対 照 表

Ｔ 社　　　　　　　　　　×５年３月31日　　　　　　　（単位：千円）

借　　方	金　　額	貸　　方	金　　額
諸　資　産	1,216,000	諸　　負　　債	1,004,000
商　　　品	95,000	資　　本　　金	300,000
土　　　地	250,000	資　本　剰　余　金	107,000
		利　益　剰　余　金	140,000
		その他有価証券評価差額金	10,000
合　　計	1,561,000	合　　計	1,561,000

（注）Ｔ社における土地の時価は 293,000千円である。なお，土地以外の資産及び負債の時価は帳簿価額と同額である。

2．×５年度におけるＴ社の当期純利益は30,000千円である。なお，Ｔ社は剰余金の配当を行っていない。

3．×5年度末（企業結合直前）におけるI社及びT社の個別貸借対照表は以下のとおりである。

貸 借 対 照 表

I　社　　　　　　　　　　×6年3月31日　　　　　　　　（単位：千円）

借　　方	金　　額	貸　　方	金　　額
諸　　資　　産	1,681,000	諸　　負　　債	1,538,000
商　　　　　品	141,000	資　　本　　金	700,000
土　　　　　地	600,000	資　本　剰　余　金	350,000
T　社　株　式	470,000	利　益　剰　余　金	254,000
		その他有価証券評価差額金	50,000
合　　　計	2,892,000	合　　　計	2,892,000

貸 借 対 照 表

T　社　　　　　　　　　　×6年3月31日　　　　　　　　（単位：千円）

借　　方	金　　額	貸　　方	金　　額
諸　　資　　産	1,348,000	諸　　負　　債	1,074,000
商　　　　　品	83,000	資　　本　　金	300,000
土　　　　　地	250,000	資　本　剰　余　金	107,000
		利　益　剰　余　金	170,000
		その他有価証券評価差額金	30,000
合　　　計	1,681,000	合　　　計	1,681,000

（注）I社及びT社における土地の時価は 660,000千円及び 312,000千円である。なお，土地以外の資産
及び負債の時価は帳簿価額と同額である。

4．のれんは，発生年度の翌年度から10年間にわたって均等償却する。

5．税効果会計は無視すること。

問1 仮に，×6年3月31日にⅠ社は株式交換によりT社を完全子会社とした場合，下記の情報に基づいて Ⅰ社の作成する株式交換後連結貸借対照表に計上される①～④の金額を求めなさい。

1．Ⅰ社及びT社の発行済株式総数は 140,000株及び80,000株であり，交換比率は1：1である。

2．Ⅰ社はT社の非支配株主に新株を発行し，増加した資本は資本金としている。

3．株式交換日におけるⅠ社の株価は@9千円である。

連 結 貸 借 対 照 表

×6年3月31日　　　　　　　　　（単位：千円）

借　方	金　額	貸　方	金　額
諸　　資　　産		諸　　負　　債	
商　　　　品		資　　本　　金	
土　　　地	①	資　本　剰　余　金	②
の　　れ　　ん		利　益　剰　余　金	③
		その他有価証券評価差額金	④
合　　計		合　　計	

問2 仮に，×6年4月1日にⅠ社はT社を吸収合併した場合，下記の情報に基づいて，合併後Ⅰ社個別貸 借対照表に計上される①～④の金額を求めなさい。

1．Ⅰ社及びT社の発行済株式総数は 140,000株及び80,000株であり，合併比率は1：1である。

2．Ⅰ社はT社の非支配株主に新株を発行し，増加した資本は資本金としている。

3．合併期日におけるⅠ社の株価は@9千円である。

貸 借 対 照 表

×6年4月1日　　　　　　　　　（単位：千円）

借　方	金　額	貸　方	金　額
諸　　資　　産		諸　　負　　債	
商　　　　品		資　　本　　金	
土　　　地	①	資　本　剰　余　金	②
の　　れ　　ん		利　益　剰　余　金	③
		その他有価証券評価差額金	④
合　　計		合　　計	

問題2　以下の〔資料〕に基づいて，下記の各問に答えなさい。なお，各社の決算日は3月31日である。

〔資料Ⅰ〕　留意事項

1．問題文中とくに断りがない限り，資産および負債の簿価と時価との間に重要な差異はないものとする。

2．のれんは5年の定額法により償却し，期末に生じたのれんは，翌期より償却する。

3．PP社およびQQ社は他に子会社を有し連結財務諸表を作成しているが，当該他の子会社の影響は無視すること。

4．税効果会計は考慮しない。

〔資料Ⅱ〕　設立による子会社化

1．PP社は，×1年4月1日に 100％出資（取得原価90,000千円）によりA社を設立して連結子会社とした。A社の発行済株式数は 150株である。

2．QQ社は，×1年4月1日に 100％出資（取得原価52,240千円）によりB社を設立して連結子会社とした。B社の発行済株式数は 100株である。

〔資料Ⅲ〕　A社（ＰＰ社子会社）とB社（ＱＱ社子会社）の合併

1．B社は，×11年4月1日を企業結合日としてA社を吸収合併した。ＰＰ社とＱＱ社は，合併後のB社を共同して支配する契約を締結しており，当該吸収合併は共同支配企業の形成と判断された。

　　　①　吸収合併存続会社：B社，吸収合併消滅会社：A社，合併比率は1対1である。

　　　②　合併において交付するB社株式数：150株

　　　③　当該合併により増加する払込資本はすべて資本金とする。

2．A社およびB社の株価は，以下のとおりである。

	A　社	B　社
企業結合日	@950千円	@950千円

3．個別貸借対照表（×11年3月31日）は，以下のとおりである（単位：千円）。

	ＰＰ社グループ		ＱＱ社グループ	
	ＰＰ社	A　社	ＱＱ社	B　社
諸資産	565,300	143,000	530,000	86,000
土地	62,500	27,000	30,000	14,000
A社株式	90,000	—	—	—
B社株式	—	—	52,240	—
計	717,800	170,000	612,240	100,000
諸負債	250,000	45,000	260,000	40,000
資本金	287,800	90,000	166,240	30,000
資本剰余金	30,000	—	110,000	22,240
利益剰余金	150,000	35,000	76,000	7,760
計	717,800	170,000	612,240	100,000

　　　注：土地の時価はＰＰ社90,000千円，A社55,000千円，ＱＱ社85,000千円，B社39,000千円である。

問1　合併後個別貸借対照表（×11年4月1日）に計上される①および②の金額を求めなさい。なお，単位は千円とする。

　　　①　B社個別貸借対照表における「資本金」

　　　②　ＰＰ社個別貸借対照表における「B社株式」

問2　×11年度ＰＰ社連結財務諸表に計上される①～③の金額を求めなさい。なお，B社の×11年度における当期純利益は15,000千円であった。また，単位は千円とする。

　　　①　ＰＰ社連結損益計算書における「持分法による投資利益」

　　　②　ＰＰ社連結損益計算書における「持分変動利益」

　　　③　ＰＰ社連結貸借対照表における「B社株式」

問題3 次の〔資料〕に基づき，下記の設問に答えなさい。

〔資料〕

1．T社およびO社は，×4年3月31日に共同新設分割によりZ社を設立した。なお，当該共同新設分割は共同支配企業の形成と判定された。

(1) T社がZ社に移転する事業：α事業（×4年3月31日の時価 245,000千円）

(2) O社がZ社に移転する事業：β事業（×4年3月31日の時価 105,000千円）

(3) T社が受け取るZ社株式数：21,000株（発行済株式数の70%）

(4) O社が受け取るZ社株式数： 9,000株（発行済株式数の30%）

(5) Z社において，増加すべき払込資本はすべて資本金とする。

2．共同新設分割直前のT社およびO社の個別貸借対照表は，次のとおりである。

(1) T社の個別貸借対照表（単位：千円）

科　目	金　額	科　目	金　額
諸資産	420,000	諸負債	108,000
α事業資産	280,000	α事業負債	60,000
		資本金	400,000
		利益剰余金	120,000
		その他有価証券評価差額金	12,000
合　計	700,000	合　計	700,000

（注）α事業資産の時価は 290,000千円であり，その他有価証券評価差額金のうち10,000千円はα事業資産に係るものである。なお，α事業資産以外の資産及び負債の簿価と時価は一致している。

(2) O社の個別貸借対照表（単位：千円）

科　目	金　額	科　目	金　額
諸資産	230,000	諸負債	84,000
β事業資産	63,000	β事業負債	5,000
		資本金	150,000
		利益剰余金	50,000
		その他有価証券評価差額金	4,000
合　計	293,000	合　計	293,000

（注）β事業資産の時価は69,000千円であり，その他有価証券評価差額金は全てβ事業資産に係るものである。なお，β事業資産以外の資産及び負債の簿価と時価は一致している。

3．期末に生じたのれんは，翌期より5年間で毎期均等額を償却する。

4．税効果は考慮しない。

5．T社およびO社ともに，他に子会社を有しているが，その影響は考慮しない。

問1 ×4年3月31日にZ社を設立した後のT社個別財務諸表において計上されるZ社株式はどうなるか，正しい金額を答案用紙の所定欄に記入しなさい。なお，単位は千円とする。

問2 ×4年3月31日のZ社個別財務諸表において計上される①β事業資産及び②その他有価証券評価差額金はどうなるか，正しい金額を答案用紙の所定欄に記入しなさい。なお，単位は千円とする。

問3 ×4年3月31日にZ社を設立した後のT社連結財務諸表において計上される①Z社株式，②利益剰余金及び③その他有価証券評価差額金はどうなるか，正しい金額を答案用紙の所定欄に記入しなさい。なお，単位は千円とする。

問4 ×5年3月31日のT社連結財務諸表において計上される①持分法による投資利益及び②その他有価証券評価差額金はどうなるか，正しい金額を答案用紙の所定欄に記入しなさい。なお，×5年3月期におけるT社のその他有価証券評価差額金は 3,000千円であり，Z社の当期純利益は24,600千円，その他有価証券評価差額金は17,000千円である。また，単位は千円とする。

【ＭＥＭＯ】

【解 答】

問題1

問1

| ① | 45,000 | ② | 329,000 | ③ | 270,000 | ④ | 64,000 |

問2

| ① | 893,000 | ② | 323,000 | ③ | 270,000 | ④ | 70,000 |

問題2

問1

| ① | 155,000 | ② | 90,000 |

問2

| ① | 7,800 | ② | 7,000 | ③ | 139,800 |

問題3

問1

| 210,000 |

問2

| ① | 63,000 | ② | 14,000 |

問3

| ① | 227,500 | ② | 130,500 | ③ | 9,000 |

問4

| ① | 11,480 | ② | 12,100 |

【採点基準】

| 問題1 | 5点×8箇所＋ | 問題2 | 4点×5箇所＋ | 問題3 | 5点×8箇所＝100点 |

【解答時間及び得点】

	日 付	解答時間	得 点	Ｍ Ｅ Ｍ Ｏ
1	／	分	点	
2	／	分	点	
3	／	分	点	
4	／	分	点	
5	／	分	点	

【チェック・ポイント】

出題分野	出題論点	日 付				
		／	／	／	／	／
企業結合会計	共 通 支 配 下 の 取 引 等					
	共 同 支 配 企 業 の 形 成					

【解答への道】（単位：千円）

$\boxed{\text{問題 1}}$ について

$\boxed{\text{問 1}}$

Ⅰ．Ⅰ社個別上の仕訳

1．株式交換の仕訳（非支配株主との取引）

（借）Ｔ 社 株 式	216,000（*1）	（貸）資 本 金	216,000

(*1) ＠9×80,000株×非支配株主持分比率30％＝216,000

2．株式交換後個別貸借対照表

貸 借 対 照 表

Ⅰ 社　　　　　　　　　×6年3月31日

借　方	金　額	貸　方	金　額
諸　資　産	1,681,000	諸　負　債	1,538,000
商　　品	141,000	資　本　金	916,000
土　　地	600,000	資 本 剰 余 金	350,000
Ｔ　社　株　式	686,000	利 益 剰 余 金	254,000
		その他有価証券評価差額金	50,000
合　計	3,108,000	合　計	3,108,000

貸 借 対 照 表

Ｔ 社　　　　　　　　　×6年3月31日

借　方	金　額	貸　方	金　額
諸　資　産	1,348,000	諸　負　債	1,074,000
商　　品	83,000	資　本　金	300,000
土　　地	250,000	資 本 剰 余 金	107,000
		利 益 剰 余 金	170,000
		その他有価証券評価差額金	30,000
合　計	1,681,000	合　計	1,681,000

Ⅱ．×5年度連結貸借対照表作成のための連結修正仕訳等

　1．土地に係る評価差額の計上

（借）土　　　　地	43,000(*1)	（貸）評　価　差　額	43,000

　　（*1）　×5年3月31日時価293,000－簿価250,000＝43,000

　2．タイム・テーブル

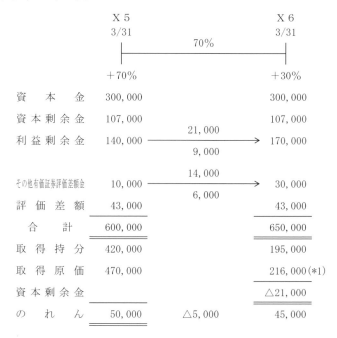

	X5 3/31		X6 3/31
		70%	
	+70%		+30%
資　本　金	300,000		300,000
資本剰余金	107,000		107,000
利益剰余金	140,000	→ 21,000 / 9,000	170,000
その他有価証券評価差額金	10,000	→ 14,000 / 6,000	30,000
評　価　差　額	43,000		43,000
合　　　計	600,000		650,000
取　得　持　分	420,000		195,000
取　得　原　価	470,000		216,000(*1)
資本剰余金			△21,000
の　れ　ん	50,000	△5,000	45,000

　3．開始仕訳

（借）資　　本　　金	300,000	（貸）T　社　株　式	470,000
資　本　剰　余　金	107,000	非　支　配　株　主　持　分	180,000(*1)
利　益　剰　余　金	140,000		
その他有価証券評価差額金	10,000		
評　価　差　額	43,000		
の　れ　ん	50,000		

　　（*1）　T/T資本合計600,000×非支配株主持分比率30%＝180,000

　4．当期純利益の按分

（借）利　益　剰　余　金	9,000(*1)	（貸）非　支　配　株　主　持　分	9,000
（非支配株主に帰属する当期純損益）			

　　（*1）　30,000×非支配株主持分比率30%＝9,000

5．その他有価証券評価差額金の非支配株主持分への按分

| （借） | その他有価証券評価差額金 | 6,000(*1) | （貸）非 支 配 株 主 持 分 | 6,000 |

（*1）（×6年3月31日30,000－×5年3月31日10,000)×非支配株主持分比率30％＝6,000

6．のれんの償却

| （借）利 益 剰 余 金 | 5,000 | （貸）の れ ん | 5,000 |
| （の れ ん 償 却 額） | | | |

7．追加取得

| （借）非 支 配 株 主 持 分 | 195,000(*1) | （貸）T 社 株 式 | 216,000 |
| 資 本 剰 余 金 | 21,000 | | |

（*1）T/T 資本合計650,000×非支配株主持分比率30％＝195,000

8．×5年度連結貸借対照表（ 問1 の解答）

連 結 貸 借 対 照 表

×6年3月31日

借 方		金 額	貸 方		金 額
諸 資 産		3,029,000	諸 負 債		2,612,000
商 品		224,000	資 本 金		916,000
土 地		893,000	資 本 剰 余 金	②	329,000
の れ ん	①	45,000	利 益 剰 余 金	③	270,000
			その他有価証券評価差額金	④	64,000
合 計		4,191,000	合 計		4,191,000

問2

Ⅰ．×5年度連結貸借対照表作成のための連結修正仕訳等

1．土地に係る評価差額の計上

(借) 土 地	43,000(*1)	(貸) 評 価 差 額	43,000

(*1) ×5年3月31日時価293,000−簿価250,000＝43,000

2．タイム・テーブル

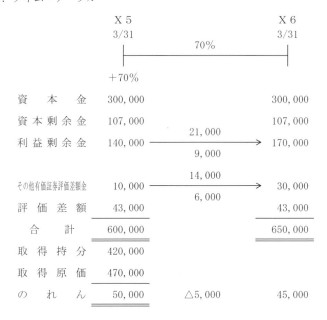

	X5 3/31		X6 3/31
		70%	
	+70%		
資 本 金	300,000		300,000
資 本 剰 余 金	107,000		107,000
利 益 剰 余 金	140,000	21,000 → 9,000	170,000
その他有価証券評価差額金	10,000	14,000 → 6,000	30,000
評 価 差 額	43,000		43,000
合 計	600,000		650,000
取 得 持 分	420,000		
取 得 原 価	470,000		
の れ ん	50,000	△5,000	45,000

3．開始仕訳

(借) 資 本 金	300,000	(貸) Ｔ 社 株 式	470,000
資 本 剰 余 金	107,000	非 支 配 株 主 持 分	180,000(*1)
利 益 剰 余 金	140,000		
その他有価証券評価差額金	10,000		
評 価 差 額	43,000		
の れ ん	50,000		

(*1) T/T 資本合計600,000×非支配株主持分比率30%＝180,000

4．当期純利益の按分

(借) 利 益 剰 余 金 (非支配株主に帰属する当期純損益)	9,000(*1)	(貸) 非 支 配 株 主 持 分	9,000

(*1) 30,000×非支配株主持分比率30%＝9,000

5．その他有価証券評価差額金の非支配株主持分への按分

（借）	その他有価証券評価差額金	6,000(*1)	（貸）	非 支 配 株 主 持 分	6,000

（*1）（×6年3月31日30,000－×5年3月31日10,000)×非支配株主持分比率30%＝6,000

6．のれんの償却

（借）	利 益 剰 余 金 （の れ ん 償 却 額）	5,000	（貸）	の れ ん	5,000

7．×5年度連結貸借対照表

連 結 貸 借 対 照 表

×6年3月31日

借　　　方	金　　額	貸　　　方	金　　　額
諸　　資　　産	3,029,000	諸　　負　　債	2,612,000
商　　　　品	224,000	資　　本　　金	700,000
土　　　地	893,000	資 本 剰 余 金	350,000
の　れ　ん	45,000	利 益 剰 余 金	270,000
		その他有価証券評価差額金	64,000
		非 支 配 株 主 持 分	195,000
合　　　計	4,191,000	合　　　計	4,191,000

Ⅱ．合　併（×6年4月1日）

1．タイム・テーブル

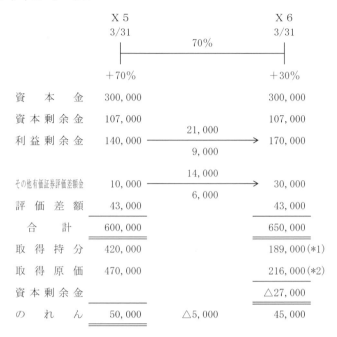

（*1）　T/T 資本合計650,000×非支配株主持分比率30%－その他有価証券評価差額金6,000（*3）＝189,000

（注）　非支配株主持分に係るその他有価証券評価差額金を除く点に注意すること。

（*2）　＠9×80,000株×非支配株主持分比率30%＝216,000

（*3）　（30,000－10,000）×非支配株主持分比率30%＝6,000

2．I社持分（共通支配下の取引として扱う部分）

（借）	諸　　資　　産	943,600(*1)	（貸）	諸　　負　　債	751,800(*4)
	商　　　　品	58,100(*2)		T　社　株　式	470,000
	土　　　地	205,100(*3)		その他有価証券評価差額金	14,000(*6)
	の　れ　ん	45,000(*5)		利　益　剰　余　金 （抱合株式消滅差益）	16,000(*7)

(*1)　1,348,000×I社持分比率70％＝943,600

(*2)　83,000×I社持分比率70％＝58,100

(*3)　連結上の簿価(250,000＋時価評価43,000)×I社持分比率70％＝205,100

(注)　資本連結にあたり子会社の資産及び負債を時価評価している場合には，親会社の個別上，時価評価後の金額により受け入れる。

(*4)　1,074,000×I社持分比率70％＝751,800

(*5)　連結上の「のれん未償却額」

(注)　連結上，子会社株式の取得に係るのれん未償却額が計上されている場合には，親会社の個別上も当該金額をのれんとして引継ぐ。

(*6)　(×6年3月31日30,000－×5年3月31日10,000)×親会社持分比率70％＝14,000

(注)　その他有価証券評価差額金のうち，投資と資本の相殺消去の対象とされていない金額（支配獲得後その他有価証券評価差額金）を引き継ぐ。

(*7)　(T/T 資本合計650,000×I社持分比率70％－その他有価証券評価差額金14,000

　　　　　　　　　　　＋のれん未償却額45,000(*5))－抱合株式470,000＝16,000

　　　　　又は，親会社に帰属する支配獲得後利益剰余金21,000－のれん償却額5,000＝16,000

(注)　親会社持分相当額（その他有価証券評価差額金を除く）と親会社が合併直前に保有していた子会社株式（抱合せ株式）の適正な帳簿価額との差額を「抱合株式消滅差損益」として特別損益に計上する。

３．非支配株主持分（非支配株主との取引として扱う部分）

（借）	諸 資 産	404,400(*8)	（貸）	諸 負 債	322,200(*11)
	商 品	24,900(*9)		その他有価証券評価差額金	6,000(*12)
	土 地	87,900(*10)		資 本 金	216,000(*13)
	資 本 剰 余 金	27,000(*14)			

(*8)　1,348,000×非支配株主持分比率30％＝404,400

(*9)　83,000×非支配株主持分比率30％＝24,900

(*10)　連結上の簿価(250,000＋時価評価43,000)×非支配株主持分比率30％＝87,900

(注)　資本連結にあたり子会社の資産及び負債を時価評価している場合には，親会社の個別上，時価評価後の金額により受け入れる。

(*11)　1,074,000×非支配株主持分比率30％＝322,200

(*12)（×6年3月31日30,000－×5年3月31日10,000)×非支配株主持分比率30％＝6,000

(注)　その他有価証券評価差額金のうち，投資と資本の相殺消去の対象とされていない金額（支配獲得後その有価証券評価差額金）を引き継ぐ。

(*13)　＠9×80,000株×非支配株主持分比率30％＝216,000

(注)　合併により増加する親会社の株主資本は，払込資本（本問では資本金）とする。

(*14)　取得原価216,000(*13)－(T/T 資本合計650,000×非支配株主持分比率30％

　　　　　　　　　　　　　　　　－その他有価証券評価差額金6,000(*12))＝27,000

(注)　非支配株主持分相当額（その他有価証券評価差額金を除く）と，取得の対価（非支配株主に交付した親会社株式の時価）との差額を「資本剰余金」とする。

４．合併仕訳（２．＋３．）

（借）	諸 資 産	1,348,000	（貸）	諸 負 債	1,074,000
	商 品	83,000		資 本 金	216,000(*13)
	土 地	293,000		Ｔ 社 株 式	470,000
	の れ ん	45,000(*5)		その他有価証券評価差額金	20,000(*15)
	資 本 剰 余 金	27,000(*14)		利 益 剰 余 金 （抱 合 株 式 消 滅 差 益）	16,000(*7)

(*15)　×6年3月31日30,000－×5年3月31日10,000＝20,000

5．合併後 I 社個別貸借対照表 （ 問2 の解答)

貸 借 対 照 表

×6年4月1日

借　　　方		金　　　額	貸　　　方		金　　　額
諸　　資　　産		3,029,000	諸　　　負　　　債		2,612,000
商　　　　　品		224,000	資　　　本　　　金		916,000
土　　　　　地	①	893,000	資　本　剰　余　金	②	323,000
の　　れ　　ん		45,000	利　益　剰　余　金	③	270,000
			その他有価証券評価差額金	④	70,000
合　　　　　計		4,191,000	合　　　　　計		4,191,000

(注)　株式交換との比較

　　　支配獲得後その他有価証券評価差額金の非支配株主持分相当額6,000(*12)について，合併ではその他有価証券評価差額金として引き継ぐが，株式交換では追加取得に係る投資と相殺消去される資本に含まれるため，その他有価証券評価差額金として引き継がれない。そのため，合併と株式交換とではその他有価証券評価差額金及び資本剰余金の金額が6,000(*12)ずつ異なる。

（参考１）　その他有価証券評価差額金を計上している子会社との株式交換・合併

１．親会社が子会社を株式交換により完全子会社とする場合

　　子会社の評価・換算差額等に関して特に規定がないため，通常の連結上の処理を行う。

２．親会社が子会社を吸収合併する場合

　　親会社は子会社の合併期日の前日の評価・換算差額等（親会社が作成する連結財務諸表において投資と資本の消去の対象とされたものを除く）及び新株予約権の適正な帳簿価額を引継ぐ。したがって，子会社のその他有価証券評価差額金の適正な帳簿価額のうち，支配獲得後に当該子会社が計上したものをそのまま引継ぐ。

３．まとめ

（1）株式交換（追加取得）の処理

	親会社持分	追加取得分
支配獲得時その他有価証券評価差額金	投資と相殺消去	投資と相殺消去
支配獲得後その他有価証券評価差額金	その他有価証券評価差額金	

（2）合併の処理

	親会社持分	合併（追加取得）分
支配獲得時その他有価証券評価差額金	投資と相殺消去	投資と相殺消去
支配獲得後その他有価証券評価差額金	その他有価証券評価差額金	その他有価証券評価差額金

I. 図 示

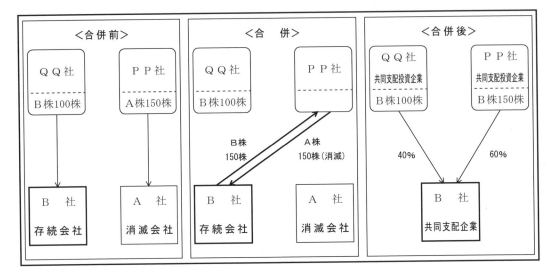

ＰＰ社	合併前	合併後
Ｂ 社 (100株)	+60% 0 % ⟶ 60%	
Ａ 社 (150株)	△40% 100% ⟶ 60%	

Ⅱ．B社（共同支配企業）の個別貸借対照表作成上の処理

1．合併仕訳

| （借） | 諸 資 産 | 143,000(*1) | （貸） | 諸 負 債 | 45,000(*1) |
| | 土 地 | 27,000(*1) | | 資 本 金 | 125,000(*2) |

（*1）　X11.3/31A社B/S

（注）　吸収合併存続会社（共同支配企業B社）は，移転された資産及び負債を企業結合日の前日における吸収合併消滅会社（A社）の適正な帳簿価額により計上する。

（*2）　X11.3/31A社B/S（資本金90,000＋利益剰余金35,000）＝125,000

2．合併後B社個別貸借対照表（　問1　①の解答）

貸 借 対 照 表

×11年4月1日

諸　資　産	229,000	諸　負　債		85,000
土　　　地	41,000	資　本　金	①	155,000
		資 本 剰 余 金		22,240
		利 益 剰 余 金		7,760
	270,000			270,000

Ⅲ．PP社（共同支配投資企業）の個別財務諸表作成上の処理

1．株式の交換

| （借） | B 社 株 式 （投 資 有 価 証 券） | 90,000(*1) | （貸） | A 社 株 式 （子 会 社 株 式） | 90,000 |

（*1）　X11.3/31PP社B/S　A社株式

（注）　結合後企業株式（B社株式）の取得原価は，引き換えられた被結合企業株式（A社株式）に係る移転直前の適正な帳簿価額に基づいて算定する。したがって，合併会社の株主の個別財務諸表上，交換損益は認識されない。

2．合併後PP社個別貸借対照表（　問1　②の解答）

貸 借 対 照 表

×11年4月1日

諸　資　産		565,300	諸　負　債	250,000
土　　　地		62,500	資　本　金	287,800
B 社 株 式	②	90,000(*1)	資 本 剰 余 金	30,000
			利 益 剰 余 金	150,000
		717,800		717,800

Ⅳ．ＰＰ社（共同支配投資企業）の連結財務諸表作成上の処理

　　ＰＰ社にとって当該合併により，Ａ社に対する持分が40％(*1)減少（合併前： 100％，合併後：60％(*2)）

し，Ｂ社に対する持分が60％(*2)増加（合併前：０％，合併後：60％(*2)）したこととなる。

　　(*1)　　１－合併後ＰＰ社持分比率60％(*2)＝40％

　　(*2)　　ＰＰ社保有Ｂ社株式150株÷Ｂ社発行済株式(100株＋150株)＝60％

１．タイム・テーブル（Ａ社）

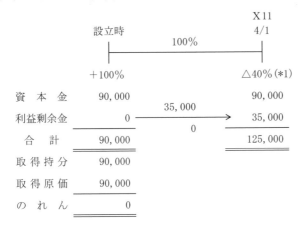

２．開始仕訳

（借）資　　本　　金	90,000	（貸）Ａ　社　株　式	90,000

３．開始仕訳の振戻

　　合併前においては，貸借対照表を連結することを前提として修正・相殺消去を行ってきたが，合併に伴い，

これを振り戻す。

（借）Ａ　社　株　式	90,000	（貸）資　　本　　金	90,000

4．タイム・テーブル（B社）

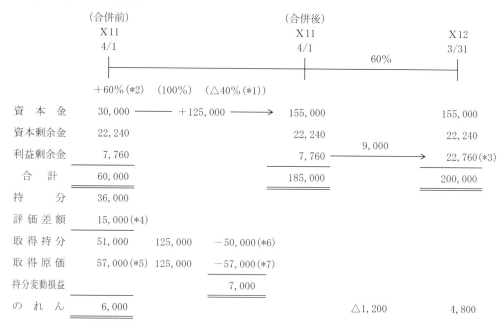

(*3)　X11.3/31 B社B/S 7,760＋X11年度当期純利益15,000＝22,760

(*4)　B社土地(時価39,000−簿価14,000)×ＰＰ社取得比率60%(*2)＝15,000

(*5)　B社時価95,000(*8)×ＰＰ社取得比率60%(*2)＝B社に対するみなし投資額57,000

(*6)　A社株主資本125,000×ＰＰ社持分減少比率40%(*1)＝50,000

(*7)　A社時価142,500(*9)×ＰＰ社持分減少比率40%(*1)＝57,000

(*8)　企業結合日におけるB社株価@950×合併前B社発行済株式数100株＝95,000

(*9)　企業結合日におけるA社株価@950×合併前A社発行済株式数150株＝142,500

(注)　「A社のみなし移転事業額(*7)」は「B社に対するみなし投資額(*5)」と同額となる。

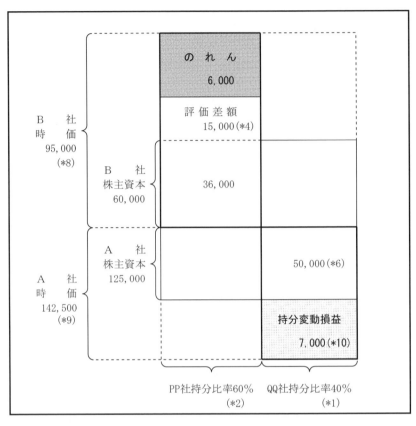

(*10) A社のみなし移転事業額57,000(*7)－A社に係るPP社持分減少額50,000(*6)＝7,000

　　　　又は，（A社時価142,500(*9)－A社株主資本125,000）×PP社持分減少比率40%(*1)＝7,000

5．60%取得

仕　　訳　　な　　し

6．A社のPP社に係る支配獲得後利益剰余金の引継

　　A社に対して連結上計上していた支配獲得後利益剰余金を投資後利益剰余金として認識する。

(借) B 社 株 式	35,000	(貸) 利 益 剰 余 金	35,000(*11)
（投 資 有 価 証 券）			

(*11) A社に対する支配獲得後利益剰余金

7．持分変動損益の認識

（借）	B 社 株 式 （投 資 有 価 証 券）	7,000	（貸）	利 益 剰 余 金 （持 分 変 動 損 益）	7,000(*10)

8．当期純利益の認識

（借）	B 社 株 式 （投 資 有 価 証 券）	9,000	（貸）	利 益 剰 余 金 （持分法による投資損益）	9,000(*12)

(*12) B社X11年度当期純利益15,000×ＰＰ社持分比率60％(*2)＝9,000

9．のれんの償却

（借）	利 益 剰 余 金 （持分法による投資損益）	1,200(*13)	（貸）	B 社 株 式 （投 資 有 価 証 券）	1,200

(*13) 6,000÷5年＝1,200

10．解答数値の算定（ 問2 の解答）

①X11年度連結P/L 持分法による投資利益：7,800(*14)

②X11年度連結P/L 持分変動利益：7,000(*10)

③X11年度連結B/S B社株式：139,800(*15)

(*14) T/T より，9,000(*12)－1,200(*13)＝7,800

(*15) 90,000＋35,000(*11)＋7,000(*10)＋9,000(*12)－1,200(*13)＝139,800

又は，T/T 資本合計200,000×ＰＰ社持分比率60％(*2)＋評価差額15,000(*4)

＋のれん未償却額4,800＝139,800

（参考２）　共同支配企業の形成

　１．意　義

　　　　共同支配とは，複数の独立した企業が契約等に基づき，ある企業を共同で支配することをいう。また，共同支配企業とは，複数の独立した企業により共同で支配される企業をいい，共同支配投資企業とは，共同支配企業を共同で支配する企業をいう。

〔共同新設分割による共同支配企業の形成〕

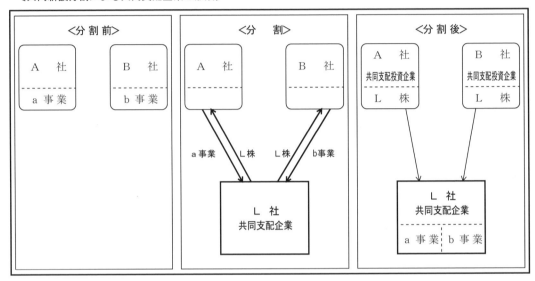

〔子会社同士の合併による共同支配企業の形成〕

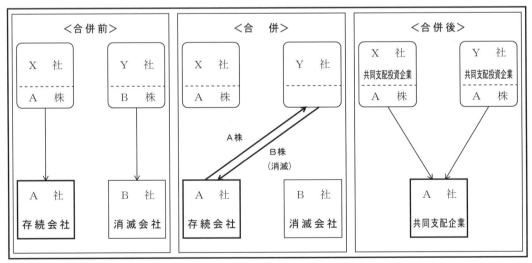

2．会計処理総論

(1) 共同支配企業の形成の判定

　　ある企業結合を共同支配企業の形成と判定するためには，次の要件を満たしていなければならない。

　① 独立企業要件

　　　共同支配投資企業となる企業が，複数の独立した企業から構成されていること。

　② 契約要件

　　　共同支配投資企業となる企業が，共同支配となる契約等を締結していること。

　③ 対価要件

　　　企業結合に際して支払われた対価のすべてが，原則として，議決権のある株式であること。

　④ その他の支配要件

　　　①から③以外に支配関係を示す一定の事実が存在しないこと。

(2) 共同支配企業の形成の会計処理

　① 共同支配企業

　　　共同支配投資企業から移転する資産及び負債を，移転直前に共同支配投資企業において付されていた**適正な帳簿価額**により計上する。

　② 共同支配投資企業

　　 i 個別財務諸表上

　　　　共同支配投資企業が受け取った共同支配企業に対する投資（共同支配企業株式）の取得原価は，**移転した事業に係る株主資本相当額**に基づいて算定する。

　　 ii 連結財務諸表上

　　　　共同支配投資企業は，共同支配企業に対する投資について**持分法**を適用する。

(3) 共同支配企業への投資の表示

　　共同支配投資企業は，共同支配企業に対する投資（共同支配企業株式）を次のように表示する。

　① 個別財務諸表上の表示

　　　「**関係会社株式**」等の適切な科目をもって表示する。

　② 連結財務諸表上の表示

　　　「**投資有価証券**」等の適切な科目をもって表示し，当該投資額を連結貸借対照表に注記する。

３．共同支配企業の形成と判定された合併（吸収合併）の会計処理

(1) 吸収合併存続会社（共同支配企業）の会計処理

① 資産及び負債の会計処理

親会社を異にする子会社同士の吸収合併による共同支配企業の形成にあたり吸収合併存続会社（共同支配企業）は，移転された資産及び負債を企業結合日の前日における吸収合併消滅会社の**適正な帳簿価額**により計上する。

② 増加資本の会計処理

ⅰ　株主資本項目の取扱い

ａ．新株を発行した場合

イ　原則的な会計処理

吸収合併存続会社は，吸収合併消滅会社の合併期日の前日の**適正な帳簿価額による株主資本の額（その他有価証券評価差額金は含まない点に注意する）を払込資本（資本金又は資本剰余金）として処理する。**増加すべき払込資本の内訳項目（資本金，資本準備金又はその他資本剰余金）は，会社法の規定に基づき決定する。

ロ　容認処理

吸収合併存続会社は，吸収合併消滅会社の合併期日の前日の資本金，資本準備金，その他資本剰余金，利益準備金及びその他利益剰余金の内訳科目を，**そのまま引き継ぐことができる。**

ｂ．自己株式を処分した場合

イ　原則的な会計処理

吸収合併消滅会社の合併期日の前日の**適正な帳簿価額による株主資本の額（その他有価証券評価差額金は含まない点に注意する）から処分した自己株式の帳簿価額を控除した額を払込資本の増加**（当該差額がマイナスとなる場合にはその他資本剰余金の減少）として処理する。

ロ　容認処理

吸収合併消滅会社の合併期日の前日の株主資本の構成を**そのまま引き継ぎ，処分した自己株式の帳簿価額をその他資本剰余金から控除する。**

ⅱ　株主資本以外の項目の引継ぎ

吸収合併存続会社は，吸収合併消滅会社の合併期日の前日の評価・換算差額等及び新株予約権の**適正な帳簿価額を引き継ぐ。**

(2) 合併会社の株主（共同支配投資企業）の会計処理

① 個別財務諸表上

ⅰ　**当該子会社が吸収合併存続会社（結合企業）の場合**

当該子会社株式の**適正な帳簿価額**を，そのまま共同支配企業株式へ振り替える。

ⅱ　**当該子会社が吸収合併消滅会社（被結合企業）の場合**

結合後企業の株式（共同支配企業株式）の取得原価は，引き換えられた被結合企業株式（子会社株式）に係る移転直前の**適正な帳簿価額**に基づいて算定する。したがって，**合併会社の株主の個別財務諸表上，交換損益は認識されない。**

② 連結財務諸表上

これまで連結していた子会社については，**共同支配企業の形成時点の持分法による投資評価額**にて共同支配企業株式へ振り替え，**持分法**を適用する。なお，「共同支配企業に対する投資の取得原価」と「共同支配企業の資本のうち共同支配投資企業の持分比率に対応する額」との差額は，「**のれん**」及び「**持分変動損益**」として処理する。

4．共同支配企業の形成と判定された会社分割（吸収分割又は共同新設分割）の会計処理

(1) 吸収分割承継会社等（共同支配企業）の会計処理

① 資産及び負債の会計処理

共同支配企業の形成にあたり，吸収分割承継会社等（共同支配企業）は，移転された資産及び負債を分割期日の前日における**適正な帳簿価額**により計上する。

② 増加資本の会計処理

ⅰ 新株を発行した場合

吸収分割承継会社等（共同支配企業）は，移転された資産及び負債の差額を次のように処理する。

ａ．移転事業に係る株主資本相当額の取扱い

移転事業に係る**株主資本相当額（その他有価証券評価差額金は含まない点に注意する）を払込資本（資本金又は資本剰余金）**として処理する。増加すべき払込資本の内訳項目（資本金，資本準備金又はその他資本剰余金）は，会社法の規定に基づき決定する。

ｂ．移転事業に係る評価・換算差額等の取扱い

移転事業に係る評価・換算差額等については，吸収分割会社等の移転直前の**適正な帳簿価額をそのまま引き継ぐ**。

ⅱ 自己株式を処分した場合

移転事業に係る移転直前の**適正な帳簿価額による株主資本相当額から処分した自己株式の帳簿価額を控除した額を払込資本の増加**（当該差額がマイナスとなる場合にはその他資本剰余金の減少）として処理する。

(2) 吸収分割会社等（共同支配投資企業）の会計処理

① 個別財務諸表上

吸収分割会社等（共同支配投資企業）は，移転した事業に係る**株主資本相当額（その他有価証券評価差額金は含まない点に注意する）**に基づいて，吸収分割承継会社等に対する投資（共同支配企業株式）の取得原価を算定する。したがって，**個別財務諸表上，交換損益は認識されない**。

② 連結財務諸表上

吸収分割会社等（共同支配投資企業）は，共同支配企業に対する投資について**持分法**を適用する。なお，「共同支配企業に対する投資の取得原価」と「共同支配企業の資本のうち共同支配投資企業の持分比率に対応する額」との差額は，「**のれん**」及び「**持分変動損益**」として処理する。

【問題3】について

Ⅰ．共同支配企業の形成に当たる共同新設分割のイメージ

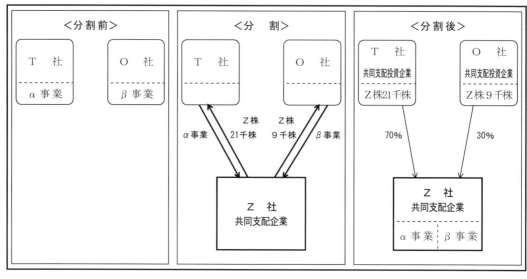

Ｔ　社	分割前　　　　　分割後
β事業 （9千株）	＋60% 0% ⟶ 60%
α事業 （21千株）	△40% 100% ⟶ 60%

Ⅱ．個別財務諸表上の処理

1．Ｔ　社（共同支配投資企業）

　　移転した事業に係る株主資本相当額（その他有価証券評価差額金は含まない点に注意する）に基づいて新設分割設立会社に対する投資（共同支配企業株式）の取得原価を算定する。したがって，個別財務諸表上，交換損益は認識されない。

(借)	α 事 業 負 債	60,000	(貸)	α 事 業 資 産	280,000
	Ｚ 社 株 式	210,000(*1)			
	その他有価証券評価差額金	10,000			

(*1)（α事業資産簿価280,000－その他有価証券評価差額金10,000）

　　　　　　　　　　　　　　　　－α事業負債簿価60,000＝α事業に係る株主資本相当額210,000

◎　Ｔ社個別F/S Ｚ社株式：210,000(*1)（ 問1 の解答）

2．Ｚ　社（共同支配企業）

　　新設分割設立会社（共同支配企業）は，移転された資産及び負債を分割期日の前日の適正な帳簿価額により計上する。新株を発行した場合には移転事業に係る株主資本相当額（その他有価証券評価差額金は含まない点に注意する）を「資本金又は資本剰余金」として処理する。

(1) Ｔ社分

(借)	α 事 業 資 産	280,000(*2)	(貸)	α 事 業 負 債	60,000(*2)
				資 本 金	210,000(*1)
				その他有価証券評価差額金	10,000

(*2)　Ｔ社における適正な帳簿価額

(注)　移転事業に係る評価・換算差額等については，吸収分割会社（Ｔ社）等の移転直前の適正な帳簿価額をそのまま引き継ぐ。

(2) Ｏ社分

(借)	β 事 業 資 産	63,000(*3)	(貸)	β 事 業 負 債	5,000(*3)
				資 本 金	54,000
				その他有価証券評価差額金	4,000

(*3)　Ｏ社における適正な帳簿価額

3．T社及びZ社の個別貸借対照表

(1) T　社

科　　目	金　額	科　　目	金　　額
諸資産	420,000	諸負債	108,000
Z社株式	210,000	資本金	400,000
		利益剰余金	120,000
		その他有価証券評価差額金	2,000
合　計	630,000	合　計	630,000

(2) Z　社

科　　目	金　額	科　　目	金　　額
α事業資産	280,000	α事業負債	60,000
β事業資産	63,000	β事業負債	5,000
		資本金	264,000
		その他有価証券評価差額金	14,000
合　計	343,000	合　計	343,000

◎　Z社個別F/S　β事業資産：63,000（　問2　①の解答）

◎　Z社個別F/S　その他有価証券評価差額金：14,000（　問2　②の解答）

Ⅲ．Ｔ社連結財務諸表上の処理

1．×4年3月31日

(1) β事業資産の時価評価

(借)	β 事 業 資 産	4,200(*1)	(貸)	評 価 差 額	4,200

(*1) (×4年3月31日時価69,000－簿価63,000)×Ｔ社取得比率70％＝4,200

(2) タイム・テーブル

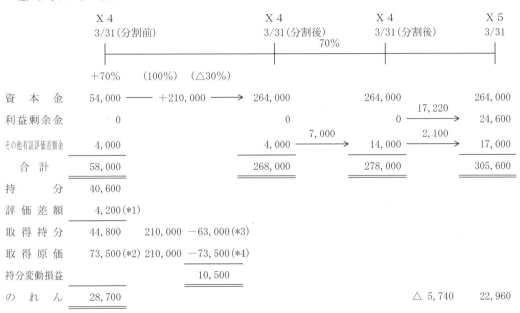

	X4 3/31(分割前)		X4 3/31(分割後)	X4 3/31(分割後)		X5 3/31
				70%		
	+70% (100%) (△30%)					
資 本 金	54,000 ── +210,000 ──▶		264,000	264,000		264,000
利 益 剰 余 金	0		0	0 ── 17,220 ─▶		24,600
その他有証評価差額金	4,000	7,000	4,000 ──▶	14,000 ── 2,100 ─▶		17,000
合 計	58,000		268,000	278,000		305,600
持 分	40,600					
評 価 差 額	4,200(*1)					
取 得 持 分	44,800	210,000	−63,000(*3)			
取 得 原 価	73,500(*2)	210,000	−73,500(*4)			
持 分 変 動 損 益			10,500			
の れ ん	28,700				△ 5,740	22,960

(*2) β事業時価105,000×Ｔ社取得比率70％＝β事業に対するみなし投資額73,500

(*3) α事業の株主資本相当額210,000×Ｔ社持分減少比率30％＝63,000

(*4) α事業時価245,000×Ｔ社持分減少比率30％＝73,500

(注) 「α事業のみなし移転事業額(*4)」は「β事業に対するみなし投資額(*2)」と同額となる。

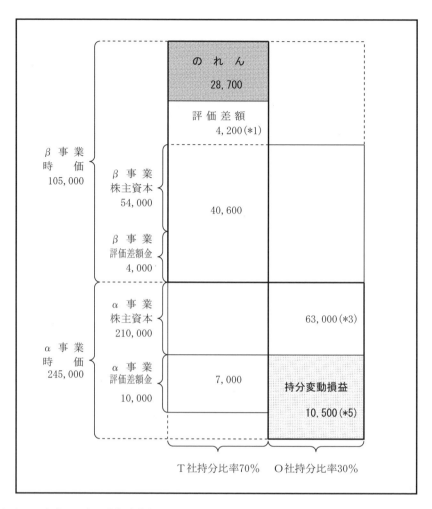

(*5) α事業のみなし移転事業額73,500(*4)－Ｔ社持分減少額63,000(*3)＝10,500

又は，（α事業時価245,000－α事業の株主資本相当額210,000）×Ｔ社持分減少比率30％＝10,500

(3) Ｚ社株式70％取得

仕　　訳　　な　　し

(4) 持分変動損益の認識

α事業に係るＴ社持分30％の減少により生じた差額を「持分変動損益」として認識する。

(借)	Ｚ　社　株　式	10,500	(貸)	持　分　変　動　損　益	10,500(*5)

(5) 投資後その他有価証券評価差額金の認識

(借)	Ｚ　社　株　式	7,000	(貸)	その他有価証券評価差額金	7,000(*6)

(*6) 10,000×Ｔ社持分比率70％＝7,000

(6) T社連結貸借対照表

科　目	金　額	科　目	金　額
諸資産	420,000	諸負債	108,000
Z社株式	227,500	資本金	400,000
		利益剰余金	130,500
		その他有価証券評価差額金	9,000
合　計	647,500	合　計	647,500

◎　T社連結F/S　Z社株式：227,500(*7)　（　問3　①の解答）

(*7)　取得原価210,000＋10,500(*5)＋7,000(*6)＝227,500

又は，T/T 資本合計278,000×T社持分比率70％＋評価差額4,200(*1)＋のれん未償却額28,700

＝227,500

◎　T社連結F/S　利益剰余金：130,500　（　問3　②の解答）

◎　T社連結F/S　その他有価証券評価差額金：9,000　（　問3　③の解答）

2．×5年3月31日

(1) 開始仕訳

(借)	Z 社 株 式	17,500	(貸)	利 益 剰 余 金	10,500
				その他有価証券評価差額金	7,000

(2) 当期純利益の認識

(借)	Z 社 株 式	17,220	(貸)	持 分 法 に よ る 投 資 損 益	17,220(*1)

(*1) 24,600×T社持分比率70％＝17,220

(3) 投資後その他有価証券評価差額金の認識

(借)	Z 社 株 式	2,100	(貸)	その他有価証券評価差額金	2,100(*2)

(*2) (17,000－14,000)×T社持分比率70％＝2,100

(4) のれんの償却

(借)	持 分 法 に よ る 投 資 損 益	5,740	(貸)	Z 社 株 式	5,740

◎ T社連結F/S 持分法による投資利益：17,220(*1)－5,740＝11,480 （ 問4 ①の解答）

◎ T社連結F/S その他有価証券評価差額金：12,100(*3) （ 問4 ②の解答）

(*3) T社3,000＋Z社T/T (7,000＋2,100)＝12,100

【ＭＥＭＯ】

問題 **4** 企業結合・事業分離④

問題1

〔経緯〕

X11年4月1日　　A社はB社を合併した。

X14年3月31日　　A社はC社を80%子会社とした。

X16年4月1日　　A社はC社を合併した。

X17年3月31日　　A社はD社を60%子会社とした。

X18年3月31日　　A社はE社を30%持分法適用会社とした。

X20年4月1日　　E社はD社を合併した。

X21年3月31日　　A社はF社を設立し 100%子会社とした。

X23年4月1日　　G社の子会社H社はF社を合併し，A社はH社をG社とともに共同支配した。

　そこで，〔資料〕に基づいて，以下の各問に答えなさい。なお，解答にあたり，税効果会計は考慮せず，のれんは5年（定額法）で償却し，増加資本はすべて資本金とする。答案用紙の記入にあたり，金額がゼロの場合には「0」と記入し，「△」等の符号は付さないこと。また，各社の決算日は3月31日であり，A社は他に子会社を有するがその影響は無視すること。

〔資料Ⅰ〕　X11年4月1日

1．A社（取得企業）は，合併に際し，B社（発行済株式 3,000千株）株主に対して新株を交付する。

2．企業結合日におけるA社の株価は 1,790円，B社の株価は 1,260円である。

3．A社およびB社は企業結合前には，互いの株式を一切保有していない。

4．合併比率（A社：B社）は1： 0.7である。

5．B社が発行している新株予約権（50千個）について，B社新株予約権1個につきA社新株予約権1個を交付した。なお，企業結合日におけるA社新株予約権の公正な評価額は1個あたり 1,200円であった。交付した新株予約権は取得原価に含める。

6．企業結合の条件交渉の過程で，企業結合後にB社従業員の配置転換に係る費用が21百万円発生することが予測されたため，当該費用は取得の対価に反映され，取得の対価から減額された。なお，B社従業員の配置転換に係る費用が取得の対価の算定にあたって考慮されていたことは，企業結合日現在の事業計画等により明らかであり，かつB社従業員の配置転換に係る費用の金額は合理的に算定されている。

〔資料Ⅱ〕　X14年3月31日

1．A社は，C社の発行済株式（ 7,500千株）の80％を現金 6,808百万円で取得したことにより，C社を子会社とした。

2．A社およびC社は支配獲得前には，互いの株式を一切保有していない。

〔資料Ⅲ〕　X16年4月1日

1．A社は，合併に際し，C社（発行済株式 7,500千株）非支配株主に対して新株を交付する。

2．企業結合日におけるA社の株価は 2,100円，C社の株価は 1,260円である。

3．C社は企業結合前には，A社株式を一切保有していない。

4．合併比率（A社：C社）は1： 0.6である。

〔資料Ⅳ〕　X17年3月31日

1．A社は，D社の発行済株式（10,000千株）の60％を現金 3,870百万円で取得したことにより，D社を子会社とした。

2．A社およびD社は支配獲得前には，互いの株式を一切保有していない。

〔資料Ⅴ〕　X18年3月31日

1．A社は，E社の発行済株式（18,000千株）の30％を現金 2,923百万円で取得したことにより，E社を持分法適用会社とした。

2．A社およびE社は投資前には，互いの株式を一切保有していない。

〔資料Ⅵ〕　X20年4月1日

　1．E社は，合併に際し，D社（発行済株式10,000千株）株主に対して新株を交付する。

　2．企業結合日におけるD社の株価は 780円，E社の株価は 650円である。

　3．D社およびE社は企業結合前には，互いの株式を一切保有していない。

　4．合併比率（E社：D社）は1：1.2，合併後A社持分比率は42%である。

〔資料Ⅶ〕　X21年3月31日

　1．A社は，現金 7,200百万円を出資してF社（発行済株式 9,000千株）を設立し，F社を 100%子会社とした。

〔資料Ⅷ〕　X23年4月1日

　1．H社（発行済株式 8,800千株）は，X15年3月31日においてG社が設立した会社であり，G社に支配されている子会社（G社持分比率 100%）である。

　2．H社は，合併に際し，F社（発行済株式 9,000千株）株主に対して新株を交付する。

　3．企業結合日におけるF社の株価は 1,200円，H社の株価は 1,500円である。

　4．F社およびH社は企業結合前には，互いの株式を一切保有していない。

　5．合併比率（H社：F社）は1：0.8，合併後A社持分比率は45%である。

　6．A社とG社は，H社を共同支配する契約を締結し，当該合併は共同支配企業の形成と判断された。

〔資料IX〕　各社の個別貸借対照表（単位：百万円，括弧内は時価）

1．B　社

	諸　資　産	諸　負　債	資　本　金	資本剰余金	利益剰余金	新株予約権
X11年3月31日	6,750 (6,790)	3,330 (3,330)	2,340	740	290	50

2．C　社

	諸　資　産	諸　負　債	資　本　金	資本剰余金	利益剰余金	その他有価証券評価差額金
X14年3月31日	18,975 (19,115)	10,755 (10,755)	6,160	1,870	110	80
X16年3月31日	19,550 (19,730)	10,615 (10,615)	6,160	1,870	595	310

3．D　社

	諸　資　産	諸　負　債	資　本　金	資本剰余金	利益剰余金
X17年3月31日	15,020 (15,020)	8,570 (8,570)	5,000	1,100	350
X20年3月31日	15,620 (15,660)	8,320 (8,320)	5,000	1,100	1,200

4．E　社

	諸　資　産	諸　負　債	資　本　金	資本剰余金	利益剰余金
X18年3月31日	27,120 (27,180)	17,870 (17,870)	7,600	1,400	250
X20年3月31日	27,570 (27,620)	17,720 (17,720)	7,600	1,400	850

5．F　社

	諸　資　産	諸　負　債	資　本　金	資本剰余金	利益剰余金	その他有価証券評価差額金
X21年3月31日	7,200 (7,200)	0 (0)	5,600	1,600	0	0
X23年3月31日	18,170 (18,240)	9,790 (9,790)	5,600	1,600	860	320

6．H　社

	諸　資　産	諸　負　債	資　本　金	資本剰余金	利益剰余金
X23年3月31日	14,320 (14,340)	3,320 (3,320)	6,600	3,700	700

（注）各社の諸資産の簿価と時価の差額は，土地の評価差額に起因するものである。

問1　　X11年4月1日の合併について，X11年4月1日合併後A社個別貸借対照表に計上されるのれんの金額を答えなさい。

問2　　X16年4月1日の合併について，以下の金額を答えなさい。

①　X16年度A社個別損益計算書に計上される抱合株式消滅差額

②　X16年4月1日の合併により増減する資本剰余金

問3　(1)　X20年4月1日の合併について，以下の金額を答えなさい。

①　X20年4月1日合併後E社個別貸借対照表に計上されるのれん

②　X20年度A社連結損益計算書に計上される持分変動差額

③　X20年4月1日合併後A社連結貸借対照表に計上されるE社株式

(2)　仮に，X20年4月1日にE社がD社を合併した際に，D社株主に現金 7,800百万円（A社に 4,680百万円，非支配株主に 3,120百万円）を支払った場合について，以下の金額を答えなさい。

①　X20年度A社連結損益計算書に計上される交換損益

②　X20年4月1日合併後A社連結貸借対照表に計上されるE社株式

問4　　X23年4月1日の合併について，以下の金額を答えなさい。

①　X23年4月1日合併後H社個別貸借対照表に計上される資本金

②　X23年度A社連結損益計算書に計上される持分変動差額

③　X23年4月1日合併後A社連結貸借対照表に計上されるH社株式

④　X23年4月1日合併後A社連結貸借対照表に計上されるH社に係るその他有価証券評価差額金

問題2　企業結合及び連結財務諸表に関する以下の各問に答えなさい。なお，会計年度及び連結会計年度は3月31日を決算日とする1年である。

〔資料Ⅰ〕　留意事項

1．のれんは5年間にわたり定額法により償却する。なお，のれんが期末に生じた場合は，翌年度から償却する。

2．答案用紙への記入にあたっては，該当する金額がゼロの場合には「―」を記入すること。

3．連結の範囲の検討にあたり，「連結財務諸表に関する会計基準」を参照すること。

4．各社の株式はすべて普通株式である。

5．増加すべき払込資本は全額，資本金とする。

〔資料Ⅱ〕　A社に関する事項

1．×0年4月1日において，P社はA社を吸収合併（取得企業P社）し，対価として新株を12千株発行した。

2．当該合併期日におけるP社株価は48,500円である。

3．当該合併期日の前日におけるP社の個別貸借対照表は以下のとおりである（単位：千円）。

諸　資　産	1,584,880	諸　　負　　債	1,264,880
土　　　地	288,000	資　　本　　金	412,000
		利　益　剰　余　金	196,000
計	1,872,880	計	1,872,880

（注）当該合併期日の前日における土地の時価は 312,300千円である。なお，諸資産及び諸負債について，簿価と時価に乖離は生じていない。

4．当該合併期日の前日におけるA社の個別貸借対照表は以下のとおりである（単位：千円）。

諸　資　産	467,900	諸　　負　　債	218,900
土　　　地	230,400	資　　本　　金	309,600
開　業　費	23,000	利　益　剰　余　金	192,800
計	721,300	計	721,300

（注）当該合併期日の前日における土地の時価は 249,300千円である。なお，諸資産及び諸負債について，簿価と時価に乖離は生じていない。

問1　以下の金額を答案用紙に記入しなさい。

×0年4月1日における合併後P社個別貸借対照表に計上されるのれん

〔資料Ⅲ〕　B社及びC社に関する事項

1．P社は×3年3月31日にB社を設立し，発行済株式 400千株のうち 280千株を 343,560千円で取得し，子会社株式として保有している。

2．P社は×4年3月31日において，C社発行済株式 100千株のうち10千株を 5,760千円で取得し，その他有価証券として保有している。

3．×5年4月1日において，C社はB社を吸収合併し，対価として，新株をP社に 630千株，非支配株主に 270千株発行した。P社は取得したC社株式を子会社株式として保有している。

4．当該合併期日におけるB社株価は 1,620円及びC社株価は 720円である。

5．当該合併期日の前日におけるP社の個別貸借対照表は以下のとおりである（単位：千円）。

諸 資 産	1,235,630	諸 負 債	1,023,850
土 地	637,300	資 本 金	994,000
C 社 株 式	7,200	利 益 剰 余 金	204,400
B 社 株 式	343,560	その他有価証券評価差額金	1,440
計	2,223,690	計	2,223,690

（注）当該合併期日の前日における土地の時価は 647,300千円である。なお，諸資産及び諸負債について，簿価と時価に乖離は生じていない。

6．当該合併期日の前日におけるB社の個別貸借対照表は以下のとおりである（単位：千円）。

諸 資 産	567,900	諸 負 債	211,900
土 地	169,800	資 本 金	490,800
		利 益 剰 余 金	35,000
計	737,700	計	737,700

（注）当該合併期日の前日における土地の時価は 199,300千円である。なお，諸資産及び諸負債について，簿価と時価に乖離は生じていない。

7．当該合併期日の前日におけるC社の個別貸借対照表は以下のとおりである（単位：千円）。

諸 資 産	130,100	諸 負 債	219,100
土 地	138,000	資 本 金	36,800
		利 益 剰 余 金	12,200
計	268,100	計	268,100

（注）当該合併期日の前日における土地の時価は 153,000千円である。なお，諸資産及び諸負債について，簿価と時価に乖離は生じていない。

問2　以下の①〜⑦の金額を答案用紙に記入しなさい。

①　×5年4月1日における合併後C社個別貸借対照表に計上される土地

②　×5年4月1日における合併後P社個別貸借対照表に計上されるC社株式

③　×5年度P社連結損益計算書に計上される段階取得に係る差損益

④　×5年4月1日における合併後P社連結貸借対照表に計上されるのれん

⑤　×5年4月1日における合併後P社連結貸借対照表に計上される資本剰余金

⑥　×5年4月1日における合併後P社連結貸借対照表に計上される利益剰余金

⑦　×5年4月1日における合併後P社連結貸借対照表に計上される非支配株主持分

〔資料Ⅳ〕 D社及びE社に関する事項

1. ×10年3月31日において，P社はD社発行済株式のうち20%を 108,460千円で取得し，関連会社株式として保有している。なお，D社はP社の緊密な者に該当する。

2. ×10年3月31日において，P社はE社発行済株式のうち30%を 108,300千円で取得し，D社はE社発行済株式のうち25%を90,250千円で取得した。

3. E社の取締役会の構成員のうち，過半数はP社から派遣されている。

4. D社の株主資本に関する事項

年 月 日	資 本 金	利益剰余金
×10年3月31日	278,500千円	222,300千円

(注) ×10年3月31日における土地（簿価 123,500千円）の時価は 163,700千円である。なお，諸資産及び諸負債について，簿価と時価に乖離は生じていない。

5. E社の株主資本に関する事項

年 月 日	資 本 金	利益剰余金
×10年3月31日	221,200千円	113,800千円

(注) ×10年3月31日における土地（簿価93,500千円）の時価は 104,500千円である。なお，諸資産及び諸負債について，簿価と時価に乖離は生じていない。

〔資料Ⅴ〕 ×10年度個別貸借対照表（単位：千円）

科 目	P 社	C 社	D 社	E 社
諸資産	( )	691,430	1,024,000	736,270
土 地	737,300	461,700	123,500	93,500
C社株式	( )	—	—	—
D社株式	108,460	—	—	—
E社株式	108,300	—	90,250	—
資産合計	2,616,060	1,153,130	1,237,750	829,770
諸負債	1,244,360	( )	639,750	408,770
資本金	994,000	( )	278,500	221,200
利益剰余金 （当期純利益）	377,700 (123,200)	87,200 (46,000)	319,500 (97,200)	199,800 (86,000)
負債及び純資産合計	2,616,060	1,153,130	1,237,750	829,770

問3 以下の①〜⑤の金額を答案用紙に記入しなさい。

① ×10年度P社連結損益計算書に計上される持分法による投資損益

② ×10年度P社連結貸借対照表に計上される土地

③ ×10年度P社連結貸借対照表に計上されるのれん

④ ×10年度P社連結貸借対照表に計上されるD社株式

⑤ ×10年度P社連結貸借対照表に計上されるE社に係る非支配株主持分

【解 答】

問題1

問1

380　百万円

問2

①	340　百万円	②	121　百万円

問3

(1)

①	460　百万円	②	90　百万円	③	7,521　百万円

(2)

①	210　百万円	②	2,961　百万円

問4

①	14,660　百万円	②	1,507　百万円	③	9,711　百万円
④	144　百万円				

問題2　(単位：千円)

問1

83,700

問2

①	307,800	②	349,320	③	1,440	④	5,120
⑤	7,332	⑥	230,340	⑦	212,328		

問3

①	23,538	②	1,318,500	③	3,600	④	131,998
⑤	302,400						

【採点基準】

　4点×25箇所＝100点

【解答時間及び得点】

	日　付	解答時間	得　点	ＭＥＭＯ
1	／	分	点	
2	／	分	点	
3	／	分	点	
4	／	分	点	
5	／	分	点	

【チェック・ポイント】

出題分野	出題論点	日　付				
		／	／	／	／	／
共同支配企業の形成	吸　　収　　合　　併					
結合当事企業の株主に係る会計処理	受取対価が現金等の財産のみである場合					
	受取対価が結合企業の株式のみである場合					

【解答への道】

問題1 （単位：百万円）

Ⅰ．X11年4月1日（吸収合併，取得）

1．合併仕訳

（借）	諸	資	産	6,790(*1)	（貸）	諸	負	債	3,330(*1)
	の	れ	ん	380(*5)		企業結合に係る特定勘定			21(*2)
						資	本	金	3,759(*3)
						新 株 予 約 権			60(*4)

(*1)　X11.3/31時価

(*2)　予測される特定の事象に対応した費用（取得の対価の算定に反映されている金額）

(*3)　A社株価@1,790円×3,000千株×合併比率0.7＝3,759

(*4)　公正な評価額@1,200円×50千個＝60

(注)　存続会社（A社）が消滅会社（B社）の新株予約権者に対して，消滅会社（B社）の新株予約権と引き換えに，存続会社（A社）の新株予約権を交付した場合，当該交付額を取得原価に含める。なお，存続会社（A社）が交付した新株予約権は，原則として，企業結合日の時価により算定する。

(*5)　取得原価(3,759(*3)＋60(*4))－取得原価の配分額3,439(*6)＝380

(*6)　6,790(*1)－3,330(*1)－21(*2)＝3,439

◎　問1 の解答

　　　　X11年4月1日合併後A社個別貸借対照表に計上されるのれん：380(*5)

Ⅱ．X16年4月1日（共通支配下の取引等，合併）

1．タイム・テーブル（C社）

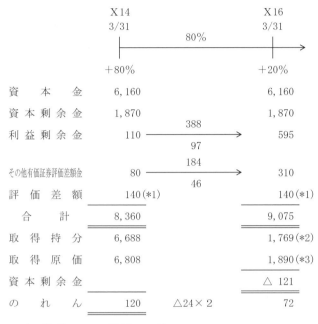

(*1)　X14.3/31（時価19,115－簿価18,975）＝140

(*2)　T/T 資本合計9,075×非支配株主持分比率20％－その他有価証券評価差額金46（*4）＝1,769

(注)　非支配株主持分に係るその他有価証券評価差額金を除く点に注意すること。

(*3)　A社株価＠2,100円×7,500千株×合併比率0.6×非支配株主持分比率20％＝1,890

(*4)　（310－支配獲得時その他有価証券評価差額金80）×非支配株主持分比率20％＝46

2．合併仕訳

(1) Ａ社持分（共通支配下の取引として扱う部分）

(借)	諸 資 産	15,752(*5)	(貸)	諸 負 債	8,492(*6)
	の れ ん	72(*7)		Ｃ 社 株 式	6,808
				その他有価証券評価差額金	184(*8)
				利 益 剰 余 金 （抱合株式消滅差益）	340(*9)

(*5) 連結上の簿価19,690(*10)×Ａ社持分比率80％＝15,752

(*6) 10,615×Ａ社持分比率80％＝8,492

(*7) 連結上の「のれん未償却額」

(*8) (310－支配獲得時その他有価証券評価差額金80)×Ａ社持分比率80％＝184

(注) その他有価証券評価差額金のうち，投資と資本の相殺消去の対象とされていない金額（支配獲得後その他有価証券評価差額金）を引き継ぐ。

(*9) (T/T 資本合計9,075×Ａ社持分比率80％－その他有価証券評価差額金184(*8)

$$＋のれん未償却額72(*7))－抱合株式6,808＝340$$

又は，Ａ社に帰属する支配獲得後利益剰余金388－のれん償却額(24×２年)＝340

(注) Ａ社持分相当額（その他有価証券評価差額金を除く）と，Ａ社が合併直前に保有していた子会社株式（抱合株式）の適正な帳簿価額との差額を「抱合株式消滅差損益」として特別損益に計上する。

(*10) X16.3/31簿価19,550＋評価差額140(*1)＝19,690

(2) 非支配株主持分（非支配株主との取引として扱う部分）

(借)	諸 資 産	3,938(*11)	(貸)	諸 負 債	2,123(*12)
	資 本 剰 余 金	121(*13)		その他有価証券評価差額金	46(*4)
				資 本 金	1,890(*3)

(*11) 連結上の簿価19,690(*10)×非支配株主持分比率20％＝3,938

(*12) 10,615×非支配株主持分比率20％＝2,123

(注) その他有価証券評価差額金のうち，投資と資本の相殺消去の対象とされていない金額（支配獲得後その他有価証券評価差額金）を引き継ぐ。

(*13) 取得の対価1,890(*3)－1,769(*2)＝121

(注) 非支配株主持分（その他有価証券評価差額金を除く）と，取得の対価（非支配株主に交付したＡ社株式の時価）との差額を「資本剰余金」とする。

(3) (1)＋(2) → 合併仕訳

(借)	諸　　　資　　　産	19,690(*10)	(貸)	諸　　　負　　　債	10,615
	の　　れ　　ん	72(*7)		資　　本　　金	1,890(*3)
	資　本　剰　余　金	121(*13)		Ｃ　社　株　式	6,808
				その他有価証券評価差額金	230(*14)
				利　益　剰　余　金	340(*9)
				（抱合株式消滅差益）	

(*14) 310－支配獲得時その他有価証券評価差額金80＝支配獲得後その他有価証券評価差額金230

◎　 問2 　の解答

① 　X16年度Ａ社個別損益計算書に計上される抱合株式消滅差額：340(*9)

② 　X16年4月1日の合併により増減する資本剰余金：121(*13)

Ⅲ．X20年4月1日（被結合企業の株主に係る会計処理）

1．合併対価が株式の場合

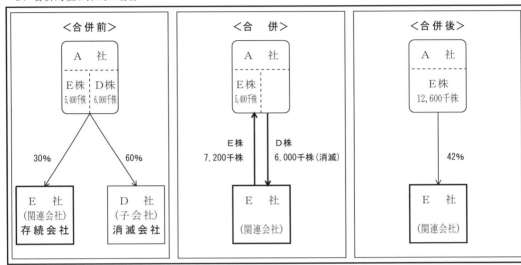

(1) 合併後持分比率の算定

	合併前	合併後
E 社 （E株 5,400千株）	30%	$\xrightarrow{+12\%}$ 42%
D 社 （D株 6,000千株）	60%	$\xrightarrow{\triangle18\%}$ 42%

(2) 個別上の処理

① E 社（パーチェス法）

（借）	諸 資 産	15,660(*1)	（貸）	諸 負 債	8,320(*1)
	の れ ん	460(*3)		資 本 剰 余 金	7,800(*2)

(*1) X20.3/31時価

(*2) E社株価@650円×10,000千株×合併比率1.2＝7,800

(*3) 取得原価7,800(*2)－取得原価配分額(15,660(*1)－8,320(*1))＝460

◎ 問3 (1) ①の解答

　　　X20年4月1日合併後E社個別貸借対照表に計上されるのれん：460(*3)

② A 社

（借）	E 社 株 式	3,870(*4)	（貸）	D 社 株 式	3,870

(*4) D社株式帳簿価額

(注) 合併後，結合企業（E社）が関連会社になる場合，A社（被結合企業D社の株主）が受け取った結合企業（E社）の株式の取得原価は，引き換えられた被結合企業（D社）の株式に係る企業結合日直前の「適正な帳簿価額」に基づいて算定する。したがって，交換損益は認識されない。

(3) 連結上の処理

① D 社（吸収合併消滅会社）

i タイム・テーブル

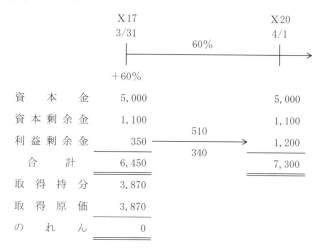

ii 開始仕訳

a．X17年3月31日（60%取得）

（借）資 本 金	5,000	（貸）D 社 株 式	3,870
資 本 剰 余 金	1,100	非 支 配 株 主 持 分	2,580(*1)
利 益 剰 余 金	350		

(*1) D社T/T 資本合計6,450×非支配株主持分比率40%＝2,580

b．X17年度～X19年度（支配獲得後利益剰余金の振替）

（借）利 益 剰 余 金	340(*2)	（貸）非 支 配 株 主 持 分	340

(*2) （1,200−350）×非支配株主持分比率40%＝340

c．a．＋b． → 開始仕訳

（借）資 本 金	5,000	（貸）D 社 株 式	3,870
資 本 剰 余 金	1,100	非 支 配 株 主 持 分	2,920(*3)
利 益 剰 余 金	690		

(*3) D社T/T 資本合計7,300×非支配株主持分比率40%＝2,920

iii 開始仕訳の振戻

（借）D 社 株 式	3,870	（貸）資 本 金	5,000
非 支 配 株 主 持 分	2,920(*3)	資 本 剰 余 金	1,100
		利 益 剰 余 金	690

（注） 合併前においては，貸借対照表を連結することを前提として修正・相殺消去を行ってきたが，合併に伴い，これを取り消す。

② E 社（吸収合併存続会社）

i 持分法上あるべき合併仕訳

　　　E社は取得したD社に対してパーチェス法を適用しているが，連結の観点では，以下の仕訳のように，受け入れた資産及び負債はD社における合併前の適正な帳簿価額により計上し，D社の株主資本相当額を増加資本とすべきである。したがって，持分法適用におけるE社の増加資本は資本金 7,300（*4）と考えていく。

| （借）諸　　資　　産 | 15,620 | （貸）諸　　負　　債 | 8,320 |
| | | 資　　本　　金 | 7,300（*4） |

（*4）　5,000＋1,100＋1,200＝D社株主資本7,300

ii タイム・テーブル

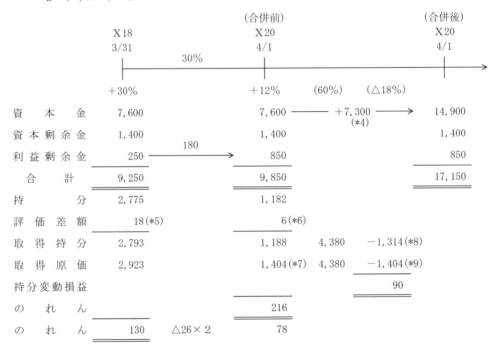

（*5）　X18.3/31（時価27,180－簿価27,120）×A社原始取得比率30％＝18

（*6）　X20.3/31（時価27,620－簿価27,570）×A社追加取得比率12％＝6

（*7）　E社時価11,700（*10）×A社追加取得比率12％＝E社に対するみなし投資額1,404

（*8）　D社株主資本7,300（*4）×D社に係るA社持分減少比率18％＝1,314

（*9）　D社時価7,800（*11）×D社に係るA社持分減少比率18％

　　　　　　　　　　　　　　　　　　　＝D社に対する持分が交換されたとみなされる額1,404

（注）　「被結合企業（D社）に対する持分が交換されたとみなされる額（*9）」は，「結合企業（E社）に対するみなし投資額（*7）」と同額となる。

（*10）　E社株価@650円×18,000千株＝11,700

（*11）　D社株価@780円×10,000千株＝7,800

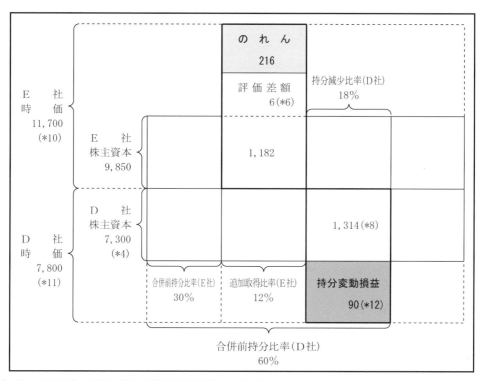

(*12) 1,404(*9)－D社に係るA社持分減少額1,314(*8)＝90

　　　　又は，（D社時価7,800(*11)－D社株主資本7,300(*4)）×D社に係るA社持分減少比率18％＝90

iii　開始仕訳

　　a．X18年３月31日（30%取得）

仕　訳　な　し

　　b．X18年度〜X19年度

　　　イ　投資後利益剰余金の認識

（借）E　社　株　式	180	（貸）利　益　剰　余　金	180(*13)

(*13) (850−250)×A社持分比率30%＝180

　　　ロ　のれんの償却

（借）利　益　剰　余　金	52(*14)	（貸）E　社　株　式	52

(*14) 26×２年＝52

　　　c．a．＋b．　→　開始仕訳

（借）E　社　株　式	128	（貸）利　益　剰　余　金	128

iv　12%追加取得

仕　訳　な　し

v　D社のA社に係る支配獲得後利益剰余金の引継

（借）E　社　株　式	510	（貸）利　益　剰　余　金	510(*15)

(*15) D社の支配獲得後利益剰余金のうちA社持分

vi　持分変動損益の認識

（借）E　社　株　式	90	（貸）利　益　剰　余　金（持　分　変　動　損　益）	90(*12)

◎　　問3　(1)　②及び③の解答

　　②　X20年度A社連結損益計算書に計上される持分変動差額：90(*12)

　　③　X20年４月１日合併後A社連結貸借対照表に計上されるE社株式：7,521(*16)

(*16) E社T/T 資本合計17,150×A社持分比率42%＋評価差額(18(*5)＋6 (*6))

　　　　　　　　　　　　　　　　　　　　　　　　＋のれん未償却額(78＋216)＝7,521

　　又は，取得原価(2,923＋3,870)＋D社T/T 510＋E社T/T(180−26×２年)

　　　　　　　　　　　　　　　　　　　　　　　　＋持分変動利益90(*12)＝7,521

2．合併対価が現金等の財産の場合

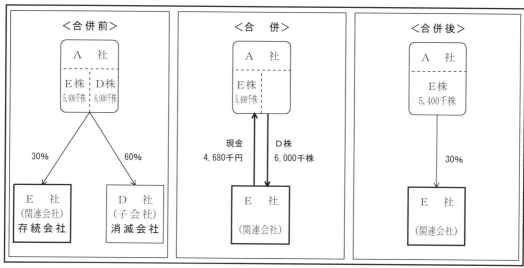

(1) 個別上の処理

① E 社（パーチェス法）

(借)	諸	資	産	15,660(*1)	(貸)	諸	負	債	8,320(*1)
	の	れ	ん	460(*3)		諸	資	産	7,800(*2)
						(現		金)	

(*1) X20.3/31時価

(*2) 取得原価

(*3) 取得原価7,800(*2)－取得原価配分額(15,660(*1)－8,320(*1))＝460

② A 社

(借)	諸	資	産	4,680(*4)	(貸)	D	社	株	式	3,870
	(現		金)			利	益	剰	余	金	810(*5)
						(交	換	損	益)	

(*4) 時価

(*5) 4,680(*4)－D社株式帳簿価額3,870＝810

(注) 合併後，結合企業（E社）が関連会社になる場合，A社（被結合企業D社の株主）が受け取った現金等の財産は，原則として「時価」により計上する。この結果，現金等の財産と引き換えられた被結合企業（D社）の株式の適正な帳簿価額との差額は，原則として「交換損益」として認識する。

(2) 連結上の処理

　① Ｄ　社（吸収合併消滅会社，Ⅲ．1．(2) ①と同じ）

　　ⅰ　タイム・テーブル

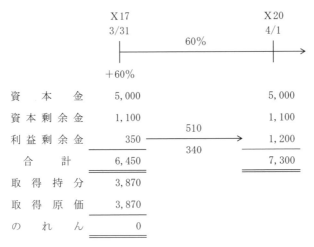

　　　　　　　　　　　　　X17　　　　　　　　　　　　　X20
　　　　　　　　　　　　　3/31　　　　　　　　　　　　　4/1
　　　　　　　　　　　　　　　　　　　　60％
　　　　　　　　　　　　　　＋60％

　　　　資　本　金　　　5,000　　　　　　　　　5,000
　　　　資本剰余金　　　1,100　　　　　　　　　1,100
　　　　　　　　　　　　　　　　　　　510
　　　　利益剰余金　　　　350　　　　　　→　　1,200
　　　　　　　　　　　　　　　　　　　340
　　　　　合　計　　　　6,450　　　　　　　　　7,300
　　　　取得持分　　　　3,870
　　　　取得原価　　　　3,870
　　　　の　れ　ん　　　　　0

　　ⅱ　開始仕訳
　　　　ａ．X17年3月31日（60％取得）

(借)	資　　本　　金	5,000	(貸)	Ｄ　社　株　式	3,870
	資　本　剰　余　金	1,100		非 支 配 株 主 持 分	2,580
	利　益　剰　余　金	350			

　　　　ｂ．X17年度〜X19年度（支配獲得後利益剰余金の振替）

| (借) | 利　益　剰　余　金 | 340 | (貸) | 非 支 配 株 主 持 分 | 340 |

　　　　ｃ．ａ．＋ｂ．→ 開始仕訳

(借)	資　　本　　金	5,000	(貸)	Ｄ　社　株　式	3,870
	資　本　剰　余　金	1,100		非 支 配 株 主 持 分	2,920
	利　益　剰　余　金	690			

　　ⅲ　開始仕訳の振戻

(借)	Ｄ　社　株　式	3,870	(貸)	資　　本　　金	5,000
	非 支 配 株 主 持 分	2,920		資　本　剰　余　金	1,100
				利　益　剰　余　金	690

② E　社（吸収合併存続会社）

ⅰ　タイム・テーブル

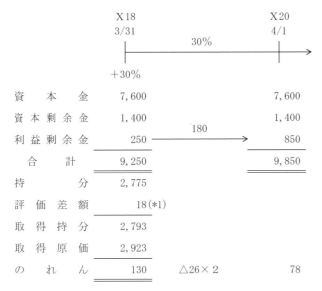

(*1)　X18.3/31（時価27,180－簿価27,120）×A社原始取得比率30％＝18

ⅱ　開始仕訳

a．X18年3月31日（30％取得）

仕　訳　な　し

b．X18年度～X19年度

イ　投資後利益剰余金の認識

| (借) E 社 株 式 | 180 | (貸) 利 益 剰 余 金 | 180(*2) |

(*2)　(850－250)×A社持分比率30％＝180

ロ　のれんの償却

| (借) 利 益 剰 余 金 | 52(*3) | (貸) E 社 株 式 | 52 |

(*3)　26×2年＝52

c．a．＋b．→開始仕訳

| (借) E 社 株 式 | 128 | (貸) 利 益 剰 余 金 | 128 |

iii 交換損益の修正

a D社のA社に係る支配獲得後利益剰余金の引継に係る修正

(借) 利 益 剰 余 金 （交　換　損　益）	510	(貸) 利 益 剰 余 金 （利益剰余金当期首残高）	510(*4)

(*4) D社の支配獲得後利益剰余金のうちA社持分

(注) D社を連結していたことにより生じていたA社に係る支配獲得後利益剰余金を認識する。なお，連結株主資本等変動計算書を作成する場合は，利益剰余金当期首残高として計上する。

(注) 連結の観点では連結上の簿価に基づいて交換損益を算定する。連結上の交換損益に関しては以下の仕訳を参考にするとイメージしやすいであろう。

(借) D 社 株 式	510	(貸) 利 益 剰 余 金 （利益剰余金当期首残高）	510(*4)
(借) 現 金 預 金	4,680	(貸) D 社 株 式	4,380(*5)
		利 益 剰 余 金 （交　換　損　益）	300(*6)

(*5) D社T/T 資本合計7,300×A社持分比率60％＝連結上の簿価4,380

又は，個別上の簿価3,870＋510(*4)＝連結上の簿価4,380

(*6) 貸借差額 又は，810－510(*4)＝300

b 連結上の簿価に基づいた交換損益の消去

(借) 利 益 剰 余 金 （交　換　損　益）	90(*7)	(貸) E 社 株 式	90

(*7) 300(*6)×A社持分比率30％＝90

◎ | 問3 | (2)の解答

① X20年度A社連結損益計算書に計上される交換損益：210(*8)

② X20年4月1日合併後A社連結貸借対照表に計上されるE社株式：2,961(*9)

(*8) 810－510(*4)－90(*7)＝210

(*9) E社T/T 資本合計9,850×A社持分比率30％＋評価差額18(*1)＋のれん未償却額78

－交換損益の修正90(*7)＝2,961

又は，取得原価2,923＋E社T/T(180－26×2年)－交換損益の修正90(*7)＝2,961

（参考１）　受取対価が現金等の財産のみである場合の被結合企業の株主に係る会計処理

結合企業	被結合企業	現金等の財産の評価	交換損益	
			個別上	連結上
子 会 社	子 会 社	簿 価（共通支配下の取引）	交換損益	交換損益の修正及び消去
関連会社		時 価（投資の清算）		交換損益の修正
上記以外	上記以外			―

１．子会社を被結合企業とした企業結合の場合

(1) 他の子会社が結合企業の場合

「他の子会社」を結合企業とする企業結合により、被結合企業の株式（子会社株式）が、現金等の財産のみと引き換えられた場合には「**共通支配下の取引**」として取り扱う。

① 個別上の処理

ⅰ 吸収合併消滅会社の会計処理

吸収合併消滅会社である子会社は、合併期日の前日に決算を行い、資産及び負債の適正な帳簿価額を算定する。

ⅱ 吸収合併存続会社の会計処理

ａ．受け入れた資産及び負債の会計処理

吸収合併存続会社である子会社が吸収合併消滅会社である子会社から受け入れる資産及び負債は、合併期日の前日に付された「**適正な帳簿価額**」により計上し、吸収合併消滅会社の株主資本の額と取得の対価として支払った現金等の財産の適正な帳簿価額との差額を「**のれん又は負ののれん**」として計上する。

ｂ．増加すべき株主資本の会計処理

株式を交付していないため、株主資本の額は増加しない。

ｃ．評価・換算差額等の引継

吸収合併消滅会社の評価・換算差額等はこれを引き継ぐ。

ⅲ 親会社（結合当事企業の株主）の会計処理

親会社（吸収合併消滅会社の株主）が受け取った現金等の財産は移転前に付された「**適正な帳簿価額**」により計上する。この結果、当該価額と引き換えられた吸収合併消滅会社の株式の適正な帳簿価額との差額は、原則として「**交換損益**」として認識する。

② 連結上の処理

親会社（吸収合併消滅会社の株主）の個別上認識された交換損益は、親会社の連結上、**未実現損益の消去**に準じて処理する。

(2) **子会社以外**が結合企業の場合

「子会社以外」を結合企業とする企業結合により，被結合企業の株式（子会社株式）が，現金等の財産のみと引き換えられた場合には，当該被結合企業の株主（親会社）に係る会計処理は「**事業分離における分離元企業の会計処理**」に準じて，次の処理を行う。

① 個別財務諸表上の会計処理

被結合企業の株主（親会社）が受け取った現金等の財産は，原則として「**時価**」により計上し，引き換えられた被結合企業の株式の適正な帳簿価額との差額は，原則として「**交換損益**」として認識する。

② 連結財務諸表上の会計処理

「**関連会社**」を結合企業とする場合には，子会社株式である被結合企業の株式が現金等の財産のみと引き換えられたことにより認識された交換損益は「**未実現損益の消去**」に準じて処理する。

2．子会社以外を被結合企業とした企業結合の場合

(1) 個別財務諸表上の会計処理

被結合企業の株主が受け取った現金等の財産は，原則として「**時価**」により計上し，引き換えられた被結合企業の株式の適正な帳簿価額との差額は原則として「**交換損益**」として認識する。

(2) 連結財務諸表上の会計処理

「**子会社又は関連会社**」を結合企業とする場合には，被結合企業の株式が現金等の財産のみと引き換えられたことにより認識された交換損益は「**未実現損益の消去**」に準じて処理する。

（参考２）　受取対価が結合企業の株式のみである場合の被結合企業の株主に係る会計処理

結合後企業	被結合企業	結合企業の株式の評価	個別上	連結上
子 会 社	子 会 社	被結合企業株式の帳簿価額（投資の継続）	―	資本剰余金
				のれんと資本剰余金
関連会社	子 会 社			のれんと持分変動損益
	関連会社			
上記以外	子 会 社	時　価（投資の清算）	交換損益	―
	関連会社			
	上記以外	被結合企業株式の帳簿価額（投資の継続）	―	

１．子会社を被結合企業とした企業結合の場合

（１）総　論

①　持分比率が**減少**する場合

　　結合後企業に対する持分比率が減少する場合，当該被結合企業の株主（親会社）に係る会計処理は**「事業分離における分離元企業の会計処理」**に準じて行う。

②　持分比率が**増加**する場合

　　企業結合前に，被結合企業の株主（親会社）が被結合企業の株式（子会社株式）に加え，結合企業の株式も有しており，当該結合企業の株主としての持分比率が増加する場合，当該被結合企業の株主としての持分の増加については**「追加取得」**に準じて処理し，当該結合企業の株主としての持分の減少については**「子会社の時価発行増資」**等における親会社の会計処理に準じて行う。

(2) 結合後企業が「引き続き子会社」である場合

「他の子会社」を結合企業とする企業結合により，結合後企業が引き続き被結合企業及び結合企業の株主の「子会社」である場合，「共通支配下の取引」として取り扱う。

① 個別上の処理

　ⅰ 吸収合併消滅会社の会計処理

　　　吸収合併消滅会社である子会社は，合併期日の前日に決算を行い，資産及び負債の適正な帳簿価額を算定する。

　ⅱ 吸収合併存続会社の会計処理

　　ａ．受け入れた資産及び負債の会計処理

　　　　吸収合併存続会社である子会社が吸収合併消滅会社である子会社から受け入れる資産及び負債は，合併期日の前日に付された「適正な帳簿価額」により計上する。

　　ｂ．増加すべき株主資本の会計処理

　　　　合併が共同支配企業の形成と判定された場合の吸収合併存続会社の会計処理に準じて処理する。

　　イ 株主資本項目の取扱い

　　　・ 新株を発行した場合

　　　（原則的な会計処理）

　　　　吸収合併存続会社は吸収合併消滅会社の合併期日の前日の**適正な帳簿価額による株主資本の額を払込資本（資本金又は資本剰余金）**として処理する。増加すべき払込資本の内訳項目（資本金，資本準備金又はその他資本剰余金）は，会社法の規定に基づき決定する。

　　　（容認処理）

　　　　吸収合併存続会社は，吸収合併消滅会社の合併期日の前日の資本金，資本準備金，その他資本剰余金，利益準備金及びその他利益剰余金の内訳科目を，**そのまま引き継ぐことができる。**

　　　・ 自己株式を処分した場合

　　　（原則的な会計処理）

　　　　吸収合併消滅会社の合併期日の前日の**適正な帳簿価額による株主資本の額から処分した自己株式の帳簿価額を控除した額を払込資本の増加**（当該差額がマイナスとなる場合にはその他資本剰余金の減少）として処理する。

　　　（容認処理）

　　　　吸収合併消滅会社の合併期日の前日の株主資本の構成を**そのまま引き継ぎ，処分した自己株式の帳簿価額をその他資本剰余金から控除**する。

　　ロ 株主資本以外の項目の引継ぎ

　　　　吸収合併存続会社は，吸収合併消滅会社の合併期日の前日の評価・換算差額等及び新株予約権の**適正な帳簿価額を引き継ぐ。**

　ⅲ 親会社（結合当事企業の株主）の会計処理

　　　親会社（吸収合併消滅会社の株主）が受け取った吸収合併存続会社の株式（子会社株式）の取得原価は，引き換えられた吸収合併消滅会社の株式（子会社株式）に係る企業結合日直前の「**適正な帳簿価額**」に基づいて計上する。したがって，**交換損益は認識されない。**

② 連結上の処理

吸収合併存続会社に係る親会社持分増加額（吸収合併消滅会社の株主としての持分比率が増加する場合は，吸収合併消滅会社に係る親会社の持分増加額）と，吸収合併消滅会社に係る親会社持分の減少額（吸収合併存続会社の株主としての持分比率が減少する場合は，吸収合併存続会社に係る親会社持分減少額）との間に生じる差額を「**資本剰余金**」に計上する。

(3) 結合後企業が「**新たな子会社**」となる場合（子会社株式から子会社株式）

結合後企業が被結合企業の株主（親会社）の新たな子会社となる場合，被結合企業の株主（親会社）は「**事業分離における分離元企業の会計処理**」に準じて，次の処理を行う。

① 個別財務諸表上の会計処理

交換損益は認識せず，結合後企業の株式（子会社株式）の取得原価は，引き換えられた被結合企業の株式（子会社株式）に係る企業結合直前の「**適正な帳簿価額**」に基づいて算定する。

② 連結財務諸表上の会計処理

結合後企業に係る株主（親会社）の持分増加額と被結合企業に係る株主（親会社）の持分減少額との間に生じる差額については，「**のれん又は負ののれん**」及び「**資本剰余金**」に計上する。なお，被結合企業の株主（親会社）は，結合企業を取得することになるため，連結財務諸表上，**パーチェス法**を適用する。

(4) 結合後企業が「**関連会社**」となる場合（子会社株式から関連会社株式）

結合後企業が「**関連会社**」となる場合（共同支配企業の形成は含まれない），被結合企業の株主（親会社）は「**事業分離における分離元企業の会計処理**」に準じて，次の処理を行う。

① 個別財務諸表上の会計処理

交換損益は認識せず，結合後企業の株式（関連会社株式）の取得原価は，引き換えられた被結合企業の株式（子会社株式）に係る企業結合直前の「**適正な帳簿価額**」に基づいて算定する。

② 連結財務諸表上の会計処理

これまで連結していた被結合企業の株式については，持分法へ修正するとともに，結合後企業に係る被結合企業の株主の持分の増加額と，従来の被結合企業に係る被結合企業の株主の持分の減少額との間に生じる差額は「**のれん又は負ののれん**」及び「**持分変動損益**」として取り扱う。

(5) 結合後企業が「**子会社・関連会社以外**」となる場合（子会社株式からその他有価証券）

結合後企業が子会社や関連会社，共同支配企業以外となる場合，被結合企業の株主は「**事業分離における分離元企業の会計処理**」に準じて，次の処理を行う。

① 個別財務諸表上の会計処理

原則として「**交換損益**」を認識し，結合後企業の株式の取得原価は，その「**時価**」又は被結合企業の株式の時価のうち，より高い信頼性をもって測定可能な時価に基づいて算定する。

② 連結財務諸表上の会計処理

これまで連結していた被結合企業の株式は「**個別貸借対照表上の帳簿価額**（結合後企業の株式の時価又は被結合企業の株式の時価のうち，より高い信頼性をもって測定可能な時価）」をもって評価する。

2. 関連会社を被結合企業とした企業結合の場合

(1) 持分比率が減少するが，結合後企業が「**引き続き関連会社**」となる場合

（関連会社株式から関連会社株式）

当該被結合企業（関連会社）に対する持分比率が減少するが，引き続き結合後企業が当該被結合企業の株主の関連会社である場合，被結合企業の株主は，次の処理を行う。

① 個別財務諸表上の会計処理

交換損益は認識せず，結合後企業の株式（関連会社株式）の取得原価は，引き換えられた被結合企業の株式（関連会社株式）に係る企業結合直前の「**適正な帳簿価額**」に基づいて算定する。

② 連結財務諸表上の会計処理

持分法適用において，関連会社となる結合後企業に係る被結合企業の株主の持分の増加額と，従来の被結合企業に係る被結合企業の株主の持分の減少額との間に生じる差額は「**のれん又は負ののれん**」及び「**持分変動損益**」として取り扱う。

なお，持分法適用において，関連会社となる結合後企業に係る被結合企業の株主の持分増加額は，持分法の追加取得の処理に従い，企業結合直前の結合企業の資本（資産及び負債を時価評価した後の評価差額を含む）に増加する被結合企業の株主の持分比率を乗じた額として算定される。

(2) 持分比率が増加し，結合後企業が「**関連会社又は子会社**」となる場合

（関連会社株式から子会社株式又は関連会社株式）

企業結合により，被結合企業の株主としての持分比率が増加（結合企業の株主としての持分比率は減少）する場合，当該被結合企業の株主は，次の処理を行う。

① 個別財務諸表上の会計処理

交換損益は認識せず，当該被結合企業の株主が受け取った結合企業の株式の取得原価は，引き換えられた被結合企業の株式（関連会社株式）に係る企業結合直前の「**適正な帳簿価額**」に基づいて算定する。

② 連結財務諸表上の会計処理

結合後企業に係る被結合企業の株主としての持分の増加については，結合後企業が関連会社となる場合には持分法適用会社株式の「**追加取得**」に準じ，子会社となる場合には「**段階取得により関連会社が連結子会社になった場合における連結手続**」に準じて会計処理する。

また，結合企業の株主としての持分の減少については「**子会社又は関連会社の時価発行増資等における親会社又は投資会社の会計処理**」に準じて処理する。

(3) 結合後企業が「**関連会社以外**」となる場合（関連会社株式からその他有価証券）

結合後企業が被結合企業の株主の関連会社及び共同支配企業以外となる場合，被結合企業の株主は次の処理を行う。

① 個別財務諸表上の会計処理

原則として「**交換損益**」を認識し，結合後企業の株式の取得原価は，その「**時価**」又は被結合企業の株式の時価のうち，より高い信頼性をもって測定可能な時価に基づいて算定する。

② 連結財務諸表上の会計処理

これまで持分法を適用していた被結合企業の株式は「**個別貸借対照表上の帳簿価額**（結合後企業の株式の時価又は被結合企業の株式の時価のうちより高い信頼性をもって測定可能な時価）」をもって評価する。

3．子会社や関連会社以外を被結合企業とした企業結合の場合（その他有価証券からその他有価証券）

（1）結合後企業が「引き続き子会社や関連会社以外」となる場合

　　結合後企業が引き続き「子会社株式や関連会社株式にも該当しない」場合，被結合企業の株主の個別財務諸表上，**交換損益は認識せず**，結合後企業の株式の取得原価は，引き換えられた被結合企業の株式に係る企業結合直前の「**適正な帳簿価額**」に基づいて算定する。

（2）結合後企業が「**関連会社**」となる場合

　　企業結合前に，被結合企業の株主が被結合企業の株式に加え結合企業の株式（子会社株式又は関連会社株式）も有していることから，当該被結合企業の株主としての持分比率が増加（結合企業の株主としての持分比率は減少）し，結合後企業が当該株主の「**関連会社**」となる場合（その他有価証券から関連会社株式），当該被結合企業の株主は，次の処理を行う。

①　個別財務諸表上の会計処理

　　交換損益は認識せず，当該被結合企業の株主が受け取った結合企業の株式の取得原価は引き換えられた被結合企業の株式（その他有価証券）に係る企業結合日直前の「**適正な帳簿価額**」に基づいて算定する（保有目的の変更）。

②　連結財務諸表上の会計処理

　　結合後企業に係る被結合企業の株主としての持分の増加については「**段階取得による持分法の適用**」に準じて会計処理する。

　　また，結合企業の株主としての持分の減少については「**子会社又は関連会社の時価発行増資等における親会社又は投資会社の会計処理**」に準じ「**持分変動損益**」を認識する。

（3）結合後企業が「**子会社**」となる場合

　　企業結合前に，被結合企業の株主が被結合企業の株式に加え結合企業の株式（子会社株式又は関連会社株式）も有していることから，当該被結合企業の株主としての持分比率が増加（結合企業の株主としての持分比率は減少）し，結合後企業が当該株主の「**子会社**」となる場合（その他有価証券から子会社株式），当該被結合企業の株主は，次の処理を行う。

①　個別財務諸表上の会計処理

　　交換損益は認識せず，当該被結合企業の株主が受け取った結合企業の株式の取得原価は引き換えられた被結合企業の株式（その他有価証券）に係る企業結合日直前の「**適正な帳簿価額**」に基づいて算定する（保有目的の変更）。

②　連結財務諸表上の会計処理

　　当該結合企業の株式の取得原価は企業結合日の「**時価**」に基づくこととし，その時価と適正な帳簿価額との差額は，当期の「**段階取得に係る差損益**」として処理する。

　　なお，結合後企業に係る被結合企業の株主としての持分の増加については「**段階取得による連結手続**」に準じて会計処理する。

　　また，結合企業の株主としての持分の減少については「**子会社又は関連会社の時価発行増資等における親会社又は投資会社の会計処理**」に準じて処理する。

Ⅳ．Ｘ23年4月1日（共同支配企業の形成）

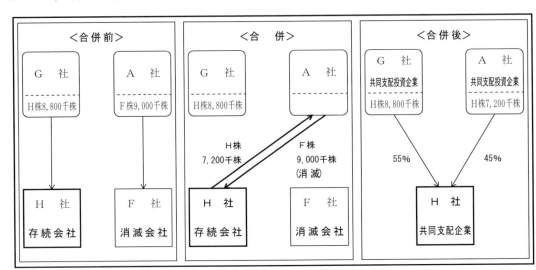

1．合併後持分比率の算定

Ａ　社	合併前	合併後
Ｈ　社 （8,800千株）	0％	＋45％ 45％
Ｆ　社 （9,000千株）	100％	△55％ 45％

2．個別上の処理

(1) Ｈ　社

（借） 諸 資 産	18,170(*1)	（貸） 諸 負 債	9,790(*1)
		資 本 金	8,060(*2)
		その他有価証券評価差額金	320(*1)

(*1)　帳簿価額

(注)　吸収合併存続会社（Ｈ社）は，吸収合併消滅会社（Ｆ社）の合併期日の前日のその他有価証券評価差額金の適正な帳簿価額を引き継ぐ。

(*2)　Ｆ社株主資本（資本金5,600＋資本剰余金1,600＋利益剰余金860）＝8,060

(注)　新株を発行した場合には，吸収合併消滅会社（Ｆ社）の企業結合日の前日の「適正な帳簿価額による株主資本の額（その他有価証券評価差額金は含まない点に注意する）」を「資本金又は資本剰余金」として処理する。

◎　　問4　　①の解答

　　　　Ｘ23年4月1日合併後Ｈ社個別貸借対照表に計上される資本金：14,660(*3)

(*3)　合併前Ｈ社資本金6,600＋8,060(*2)＝14,660

(2) A 社

(借)	H 社 株 式	7,200(*1)	(貸)	F 社 株 式	7,200

(*1) F社株式帳簿価額

(注) 結合後企業（H社）の株式の取得原価は，引き換えられた被結合企業（F社）の株式に係る企業結合日直前の「適正な帳簿価額」に基づいて算定する。

3．A社の連結上の処理

(1) タイム・テーブル（F社）

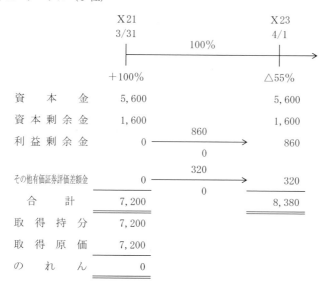

```
                        X21                    X23
                        3/31                   4/1
                                  100％
                         |                      |              →
                        ＋100％                △55％

      資  本  金        5,600                  5,600
      資 本 剰 余 金      1,600                  1,600
                                  860
      利 益 剰 余 金        0    ───────→         860
                                   0
      その他有価証券評価差額金   0    ───────→         320
                                  320
                                   0
      合      計        7,200                  8,380
      取  得  持  分      7,200
      取  得  原  価      7,200
      の  れ  ん           0
```

(2) 開始仕訳（X21年3月31日，100％取得）

(借)	資 本 金	5,600	(貸)	F 社 株 式	7,200
	資 本 剰 余 金	1,600			

(3) 開始仕訳の振戻

　　合併前においては，貸借対照表を連結することを前提として修正・相殺消去を行ってきたが，合併に伴い，これを取り消す。

(借)	F 社 株 式	7,200	(貸)	資 本 金	5,600
				資 本 剰 余 金	1,600

(4) タイム・テーブル（H社）

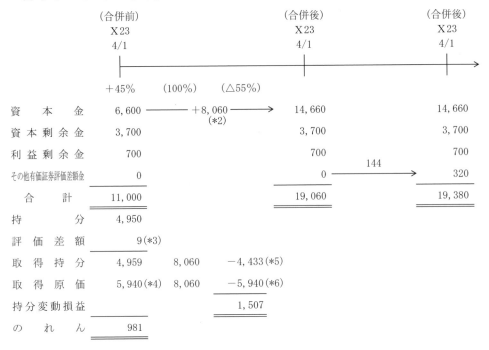

(*2) 5,600＋1,600＋860＝F社株主資本8,060

(*3) X23.3/31（時価14,340－簿価14,320）×A社取得比率45％＝9

(*4) H社時価13,200（*7）×A社取得比率45％＝H社に対するみなし投資額5,940

(*5) 8,060（*2）×F社に係るA社持分減少比率55％＝4,433

(*6) F社時価10,800（*8）×F社に係るA社持分減少比率55％＝F社のみなし移転事業額5,940

(注) 「F社のみなし移転事業額（*6）」は「H社に対するみなし投資額（*4）」と同額になる。

(*7) H社株価@1,500円×8,800千株＝13,200

(*8) F社株価@1,200円×9,000千株＝10,800

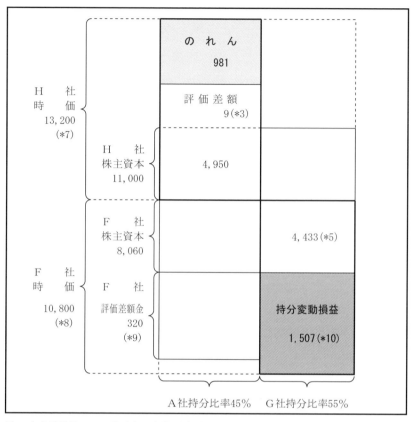

(*9)　F社の支配獲得後のその他有価証評価差額金

(*10)　F社のみなし移転事業額5,940(*6)－F社に係るA社持分減少額4,433(*5)＝1,507

又は，（F社時価10,800(*8)－8,060(*2)）×F社に係るA社持分減少比率55％＝1,507

(5) 45%取得

仕　訳　な　し

(6) 持分変動損益の認識

（借）	H　社　株　式	1,507	（貸）	利　益　剰　余　金 （持　分　変　動　損　益）	1,507(*10)

◎　問4　②の解答

　　　X23年度A社連結損益計算書に計上される持分変動差額：1,507(*10)

(7) その他有価証券評価差額金の取崩

（借）	その他有価証券評価差額金	176(*11)	（貸）	H　社　株　式	176

$$(*11)\ \ 320(*9) \times \frac{\text{F社に係るA社持分減少比率55\%}}{\text{A社持分比率100\%}} = 176$$

◎　問4　③及び④の解答

　　③　X23年4月1日合併後A社連結貸借対照表に計上されるH社株式：9,711(*12)

　　④　X23年4月1日合併後A社連結貸借対照表に計上される

　　　　　　　　　　　　　　　　H社に係るその他有価証券評価差額金：144(*13)

(*12)　H社T/T 資本合計19,380×A社持分比率45%＋評価差額9(*3)＋のれん未償却額981＝9,711

　　　　又は，7,200＋F社T/T(860＋320(*9))＋持分変動利益1,507(*10)－176(*11)＝9,711

(*13)　320(*9)－176(*11)＝144　又は，320(*9)×A社取得比率45%＝144

問題2 （単位：千円）

Ⅰ．〔資料Ⅴ〕×10年度個別貸借対照表の空欄推定

　1．Ｐ　社

　　　諸 資 産：1,312,680 ← 貸借差額

　　　Ｃ社株式：　 349,320 ← 後述（Ⅲ．1．(2) ②参照）

　2．Ｃ　社

　　　諸 負 債：　 503,330 ← 貸借差額

　　　資 本 金：　 562,600 ← 後述（Ⅲ．1．(1) ②参照）

Ⅱ．×0年度（Ｐ社によるＡ社の吸収合併）

　1．合併仕訳

（借）	諸	資	産	467,900	（貸）	諸	負	債	218,900
	土		地	249,300(*1)		資	本	金	582,000(*2)
	の	れ	ん	83,700(*3)					

　（*1）時価

　（注）開業費は繰延資産であり，財産的価値が無いため，合併仕訳において計上されない。

　（*2）Ｐ社株価@48,500円×12千株＝582,000

　（*3）取得原価582,000(*2)－取得原価の配分額498,300(*4)＝83,700

　（*4）(467,900＋249,300(*1))－218,900＝498,300

　2．×0年4月1日における合併後Ｐ社個別貸借対照表（ 問1 の解答）

諸	資	産	2,052,780	諸		負	債	1,483,780
土		地	537,300	資	本		金	994,000
の	れ	ん	83,700	利	益	剰 余	金	196,000
	計		2,673,780		計			2,673,780

Ⅲ．×5年度（C社によるB社の吸収合併）

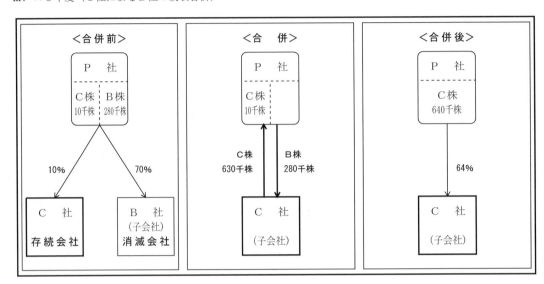

1．合併後持分比率の算定

	合併前		合併後
C　社 （C株100千株）	＋54% 10% (*1)	⟶	64% (*3)
B　社 （C株900千株）	△6% 70% (*2)	⟶	64% (*3)

（*1）　合併前P社保有分10千株÷合併前C社発行済株式数100千株＝10%

（*2）　合併前P社保有分280千株÷合併前C社発行済株式数400千株＝70%

（*3）　（合併前P社保有分10千株＋合併による取得分630千株）

　　　　　　　　　　　　　　　　÷合併後C社発行済株式数1,000千株（*4）＝64%

（*4）　合併前C社発行済株式数100千株＋合併による新株発行数（630千株＋270千株）＝1,000千株

2．合併後個別貸借対照表作成上の処理

(1) C　社（逆取得）

① 合併仕訳

　　　吸収合併存続会社（C社）は，受け入れた資産及び負債を合併期日の前日における吸収合併消滅会社（B社）の「適正な帳簿価額」により計上する。新株を発行した場合には，吸収合併消滅会社（B社）の合併期日の前日の「適正な帳簿価額による株主資本の額」を「資本金又は資本剰余金」として処理する。

| (借) | 諸　　資　　産 | 567,900(*5) | (貸) | 諸　　負　　債 | 211,900(*5) |
| | 土　　　　地 | 169,800(*5) | | 資　　本　　金 | 525,800(*6) |

(*5)　B社における適正な帳簿価額

(*6)　資本金490,800＋利益剰余金35,000＝B社株主資本525,800

② ×5年4月1日における合併後C社個別貸借対照表（　問2　①の解答）

諸　資　産		698,000	諸　　負　　債	431,000
土　　地	①	307,800	資　　本　　金	562,600
			利　益　剰　余　金	12,200
計		1,005,800	計	1,005,800

◎　×10年度C社個別B/S　資本金：562,600

(2) P　社

① 仕訳処理（C社株式）

　　i　吸収合併前保有分（その他有価証券から子会社株式への変更）

（借）	C　社　株　式 （子　会　社　株　式）	5,760	（貸）	C　社　株　式 （そ　の　他　有　価　証　券）	7,200
	その他有価証券評価差額金	1,440			

（注）　時価が取得原価を上回っている場合，取得原価をもって振り替える。

　　ⅱ　吸収合併による取得分

　　　　P社（被結合企業B社の株主）が受け取った結合企業（C社）の株式の取得原価は，引き換えられ

　　　た被結合企業（B社）の株式に係る企業結合日直前の「適正な帳簿価額」に基づいて算定する。

（借）	C　社　株　式	343,560(*7)	（貸）	B　社　株　式	343,560

（*7）　B社株式帳簿価額

② ×5年4月1日における合併後P社個別貸借対照表（ 問2 ②の解答）

諸　　資　　産		1,235,630	諸　　負　　債	1,023,850
土　　　　　地		637,300	資　　本　　金	994,000
C　社　株　式	②	349,320	利　益　剰　余　金	204,400
計		2,222,250	計	2,222,250

◎　×10年度P社個別B/S　C社株式：349,320

3．合併後連結貸借対照表作成上の処理

(1) B　社（吸収合併消滅会社）

① タイム・テーブル

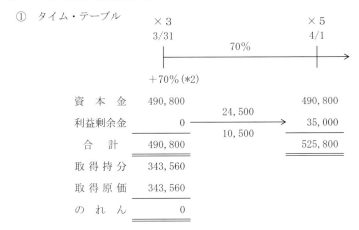

② 開始仕訳

(借)	資　　本　　金	490,800	(貸)	B　社　株　式	343,560
	利　益　剰　余　金	10,500		非 支 配 株 主 持 分	157,740(*8)

(*8)　T/T 資本合計525,800×非支配株主持分比率30％＝157,740

③ 開始仕訳の振戻

合併前においては，貸借対照表を連結することを前提として修正・相殺消去を行ってきたが，合併に伴い，これを取り消す。

(借)	B　社　株　式	343,560	(貸)	資　　本　　金	490,800
	非 支 配 株 主 持 分	157,740(*8)		利　益　剰　余　金	10,500

(2) C　社（吸収合併存続会社）

被結合企業の株主（P社）は，結合企業（C社）を取得することになるため，連結財務諸表上，パーチェス法を適用する。

① 時価評価

(借)	土　　　　地	15,000	(貸)	評　価　差　額	15,000(*9)

(*9)　時価153,000−簿価138,000＝15,000

② タイム・テーブル

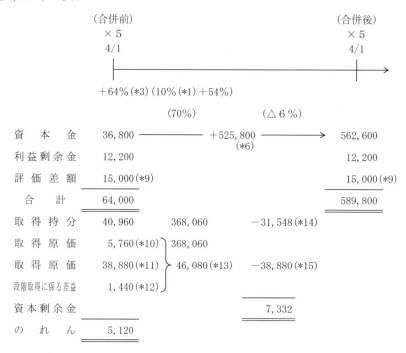

(合併前)　　　　　　　　　　　　　　　　　　　　　　　　　（合併後）
×5　　　　　　　　　　　　　　　　　　　　　　　　　　　×5
4/1　　　　　　　　　　　　　　　　　　　　　　　　　　4/1

　　　　　　+64%(*3) (10%(*1) +54%)

　　　　　　　　　　　(70%)　　　　　　(△6%)

資　本　金	36,800 ——————— +525,800 —→			562,600
		(*6)		
利益剰余金	12,200			12,200
評価差額	15,000(*9)			15,000(*9)
合　　計	64,000			589,800
取得持分	40,960	368,060	−31,548(*14)	
取得原価	5,760(*10) ⎫	368,060		
取得原価	38,880(*11) ⎬ 46,080(*13)		−38,880(*15)	
段階取得に係る差益	1,440(*12) ⎭			
資本剰余金			7,332	
の　れ　ん	5,120			

(*10)　吸収合併前保有分（個別上の取得原価）

(*11)　C社時価72,000(*17)×54%＝C社に対するみなし投資額38,880

(*12)　結合企業（C社）に対するみなし投資額46,080(*13)

　　　　　　　　　　　　　　　　－適正な帳簿価額(5,760(*10)＋38,880(*11))＝1,440

　　　又は，吸収合併前保有分（連結上の取得原価7,200(*16)－個別上の取得原価5,760)＝1,440

(*13)　C社時価72,000(*17)×P社取得比率64%(*3)＝46,080

(*14)　B社株主資本525,800(*6)×B社に係るP社持分減少比率6%＝31,548

(*15)　B社時価648,000(*18)×B社に係るP社持分減少比率6%

　　　　　　　　　　　　　　　　＝B社に対する持分が交換されたとみなされる額38,880

(注)　　「被結合企業（B社）に対する持分が交換されたとみなされる額(*15)」は，「（合併前保有分を除
　　　く）結合企業（C社）に対するみなし投資額(*11)」と同額となる。

(*16)　C社株価@720円×合併前P社保有分10千株＝7,200

(*17)　C社株価@720円×合併前C社発行済株式数100千株＝72,000

(*18)　B社株価@1,620円×合併前B社発行済株式数400千株＝648,000

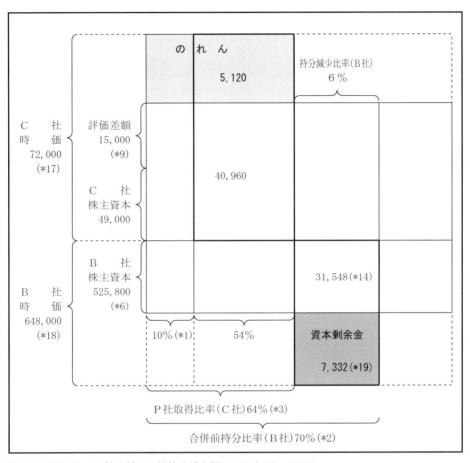

(*19) 38,880(*15)－B社に係るP社持分減少額31,548(*13)＝7,332

又は，（B社時価648,000(*18)－B社株主資本525,800(*6)）

×B社に係るP社持分減少比率6％＝7,332

③ 段階取得に係る差損益の認識 (問2 ③の解答)

(借)	C 社 株 式	1,440	(貸)	利 益 剰 余 金 (段階取得に係る差損益)	1,440(*12)

④ C社に係る投資と資本の相殺消去

(借)	資 本 金	36,800	(貸)	C 社 株 式	46,080(*13)
	利 益 剰 余 金	12,200		非 支 配 株 主 持 分	23,040(*20)
	評 価 差 額	15,000(*9)			
	の れ ん	5,120			

(*20) T/T 資本合計64,000×非支配株主持分比率36%=23,040

⑤ 投資と資本の相殺消去

　　i　B社のP社に係る支配獲得後利益剰余金の引継

(借)	C 社 株 式	24,500	(貸)	利 益 剰 余 金 (利益剰余金当期首残高)	24,500(*21)

(*21) B社の支配獲得後利益剰余金のうちP社持分

　　ii　投資と資本の相殺消去

(借)	資 本 金	525,800(*6)	(貸)	C 社 株 式	329,180(*22)
				非 支 配 株 主 持 分	189,288(*23)
				資 本 剰 余 金	7,332(*19)

(*22) (343,560(*7)＋5,760＋1,440(*12)＋B社T/T 24,500(*21))－46,080(*13)=329,180

(*23) B社株主資本525,800(*6)×非支配株主持分比率36%=189,288

⑥ ×5年4月1日における合併後P社連結貸借対照表 (問2 ④～⑦の解答)

諸 資 産		1,933,630	諸 負 債		1,454,850
土 地		960,100	資 本 金		994,000
の れ ん	④	5,120	資 本 剰 余 金	⑤	7,332 (*19)
			利 益 剰 余 金	⑥	230,340 (*24)
			非 支 配 株 主 持 分	⑦	212,328 (*25)
計		2,898,850	計		2,898,850

(*24) P社204,400＋B社T/T 24,500(*21)＋段階取得に係る差損益1,440(*12)=230,340

(*25) C社T/T 資本合計589,800×非支配株主持分比率36%=212,328

Ⅳ．×10年度

1．C社（子会社）に係る連結修正仕訳等

(1) 時価評価（Ⅲ．2．(2) ①と同じ）

(借) 土 地	15,000	(貸) 評 価 差 額	15,000

(2) タイム・テーブル

(＊1) ×10年度C社(B/S 利益剰余金87,200－当期純利益46,000)＝41,200

(3) 開始仕訳

① ×5年4月1日における合併に係る仕訳（Ⅲ．2．(2) ③～⑤の合計）

(借)	資　　　　本　　　　金	562,600	(貸)	C　　社　　株　　式	349,320
	評　　価　　差　　額	15,000		資　　本　　剰　　余　　金	7,332
	の　　　　れ　　　　ん	5,120		利　　益　　剰　　余　　金	13,740
				非　支　配　株　主　持　分	212,328

② 支配獲得後利益剰余金の振替

(借)	利　　益　　剰　　余　　金	10,440	(貸)	非　支　配　株　主　持　分	10,440

③ のれんの償却

(借)	利　　益　　剰　　余　　金	5,120(*1)	(貸)	の　　　　れ　　　　ん	5,120

(*1)　1,024×5年＝5,120

④ 開始仕訳（①～③の合計）

(借)	資　　　　本　　　　金	562,600	(貸)	C　　社　　株　　式	349,320
	評　　価　　差　　額	15,000		資　　本　　剰　　余　　金	7,332
	利　　益　　剰　　余　　金	1,820		非　支　配　株　主　持　分	222,768(*1)

(*1)　T/T 資本合計618,800×非支配株主持分比率36%＝222,768

(4) 当期純利益の按分

(借)	利　　益　　剰　　余　　金 (非支配株主に帰属する当期純損益)	16,560(*1)	(貸)	非　支　配　株　主　持　分	16,560

(*1)　46,000×非支配株主持分比率36%＝16,560

2．D社及びE社

（1）子会社の判定（E社）

① 親会社と子会社の意義

親会社：他の企業の意思決定機関を支配している企業

子会社：他の企業に意思決定機関を支配されている企業

② 「他の企業の意思決定機関を支配している企業」の意義

「他の企業の意思決定機関を支配している企業」とは，次の企業をいう（ただし，財務上又は営業上若しくは事業上の関係からみて他の企業の意思決定機関を支配していないことが明らかであると認められる企業を除く）。

---

i 他の企業の議決権の過半数を自己の計算において所有している企業

ii 他の企業の議決権の 40／100以上，50／100以下を自己の計算において所有している企業であって，かつ，次のいずれかの要件に該当する企業

ａ．自己の計算において所有している議決権と「緊密な者」及び「同意している者」が所有している議決権とを合わせて，他の企業の議決権の過半数を占めていること

ｂ．役員若しくは使用人である者，又はこれらであった者で自己が他の企業の財務及び営業又は事業の方針の決定に関して影響を与えることができる者が，当該他の企業の取締役会その他これに準ずる機関の構成員の過半数を占めていること

ｃ．他の企業の重要な財務及び営業又は事業の方針の決定を支配する契約等が存在すること

ｄ．他の企業の資金調達額（貸借対照表の負債の部に計上されているもの）の総額の過半について融資（債務の保証及び担保の提供を含む）を行っていること（緊密な関係がある者が行う融資の額を合わせて資金調達額の総額の過半となる場合を含む）

ｅ．その他他の企業の意思決定機関を支配していることが推測される事実が存在すること

iii 自己の計算において所有している議決権（当該議決権を所有していない場合を含む）と「緊密な者」及び「同意している者」が所有している議決権とを合わせて，他の企業の議決権の過半数を占めている企業であって，かつ，上記ｂ．からｅ．までに掲げるいずれかの要件に該当する企業

上記ii ａ．及びiiiにおける「緊密な者」及び「同意している者」とは，以下の者をいう。なお，自社の使用人は，一般的に「緊密な者」に該当するものと考えられる。

緊 密 な 者：自己と出資，人事，資金，技術，取引等において緊密な関係があることにより自己の意思と同一の内容の議決権を行使すると認められる者

同意している者：自己の意思と同一の内容の議決権を行使することに同意している者

上記ii ａ．及びiiiの場合には，以下の算式により，議決権の所有割合を算定する。

$$議決権の所有割合 = \frac{所有する議決権の数 + 緊密な者，同意している者が所有する議決権の数}{行使し得る議決権の総数}$$

(2) 子会社の判定のまとめ

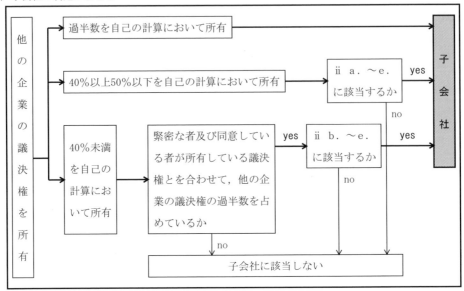

(3) 判　定

　　P社が自己の計算で所有するE社の議決権は，議決権総数の40%未満（30%）である。かつ，緊密な者
（D社）と合わせて，E社の議決権の過半数（30%＋25%＝55%）を所有している。そして，E社の取締
役会の構成員のうち，過半数はP社から派遣されている。したがって，前頁の表における ii ｂ．及び iii
に該当し，P社がE社の意思決定機関を支配しているため，E社はP社の子会社に該当するといえる。

(4) E社（子会社）に係る連結修正仕訳等

　① 時価評価

（借）土 地	11,000(*1)	（貸）評 価 差 額	11,000

(*1)　時価104,500－簿価93,500＝11,000

② タイム・テーブル

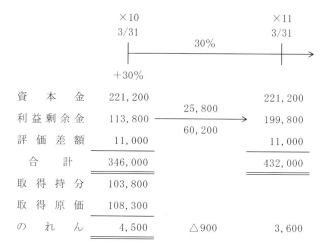

	×10 3/31		×11 3/31
		30%	
	+30%		
資　本　金	221,200		221,200
利 益 剰 余 金	113,800	25,800 →	199,800
評 価 差 額	11,000	60,200	11,000
合　　計	346,000		432,000
取 得 持 分	103,800		
取 得 原 価	108,300		
の　れ　ん	4,500	△900	3,600

(注)　緊密な者（D社，関連会社）の財務諸表が連結されないため，子会社（E社）の資本のうち緊密な者（D社，関連会社）の持分額を非支配株主持分として処理する。

③　開始仕訳（×9年度末，30%取得）

(借)	資　　本　　金	221,200	(貸)	E　社　株　式	108,300(*1)
	利 益 剰 余 金	113,800		非 支 配 株 主 持 分	242,200(*2)
	評 価 差 額	11,000			
	の　れ　ん	4,500			

(*1)　P社保有のE社株式

(*2)　T/T 資本合計346,000×（D社持分比率25%＋外部株主持分比率45%）＝242,200

(注)　P社所有のE社株式とE社の資本とを相殺消去し，非支配株主持分額（D社持分額及びE社外部株主持分額）を非支配株主持分へ振り替える。

④　当期純利益の按分

(借)	利 益 剰 余 金 (非支配株主に帰属する当期純損益)	60,200(*1)	(貸)	非 支 配 株 主 持 分	60,200

(*1)　86,000×（D社持分比率25%＋外部株主持分比率45%）＝60,200

(注)　E社当期純利益のうち非支配株主持分額（D社持分額及びE社外部株主持分額）を非支配株主持分へ振り替える。

◎　　問3　⑤の解答

　　　　×10年度P社連結貸借対照表に計上されるE社に係る非支配株主持分：

　　　　　　T/T 資本合計432,000×（D社持分比率25%＋外部株主持分比率45%）＝302,400

⑤　のれんの償却

(借)	利 益 剰 余 金 (の れ ん 償 却 額)	900	(貸)	の　れ　ん	900

(5) D社（関連会社）に係る持分法適用仕訳等

① 時価評価（部分時価評価法）

持分法では持分法適用会社の財務諸表を合算しないので，持分法適用会社の評価差額に係る仕訳は連結財務諸表に直接反映されないが，参考のために示しておく。

| (借) 土 地 | 8,040 | (貸) 評 価 差 額 | 8,040(*1) |

(*1) （時価163,700－簿価123,500）×取得比率20％＝8,040

② タイム・テーブル

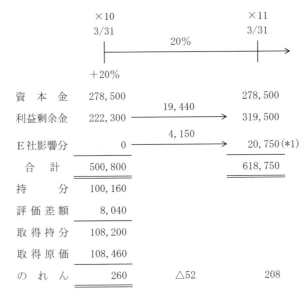

(*1) E社投資後利益剰余金D社帰属分21,500(*2)－のれん償却額750(*3)＝20,750

(*2) E社当期純利益86,000×D社持分比率25％＝21,500

(*3) 3,750(*4)÷5年＝750

(*4) D社のE社に対する（取得原価90,250－取得持分86,500(*5)）＝3,750

(*5) E社T/T 資本合計346,000×D社持分比率25％＝86,500

③ 開始仕訳

仕 訳 な し

④ 当期純利益の認識

(借) D 社 株 式	23,590	(貸) 利 益 剰 余 金	23,590(*6)
		(持分法による投資損益)	

(*6) (D社当期純利益97,200＋E社影響分20,750(*1))×P社持分比率20％＝23,590

　　　又は，D社T/T(19,440＋4,150)＝23,590

⑤ のれんの償却

(借) 利 益 剰 余 金	52	(貸) D 社 株 式	52
(持分法による投資損益)			

◎ 問3 ①の解答

　　×10年度P社連結損益計算書に計上される持分法による投資損益：23,590(*6)－52＝23,538

3．×10年度連結貸借対照表（ 問3 ②〜④の解答)

諸 資 産		2,740,380	諸 負 債	2,156,460
土 地	②	1,318,500	資 本 金	994,000
の れ ん	③	3,600	資 本 剰 余 金	7,332
D 社 株 式	④	131,998 (*1)	利 益 剰 余 金	494,958
			非支配株主持分	541,728
計		4,194,478	計	4,194,478

(*1)　D社T/T 資本合計618,750×20％＋評価差額8,040＋のれん未償却額208＝131,998　又は，

　　　取得原価108,460＋D社T/T(19,440＋4,150－52)＝131,998

次の〔資料〕に基づき下記の設問に答えなさい。

〔資料Ⅰ〕　経過

X1期末

A社はB社に事業を移転し，対価として株式を受け取った。その結果，A社はB社の発行する株式の70%を所有することとなり，B社はA社の子会社となった。なお，当該事業分離前にA社はB社株式を保有していない。

X2期末

A社はC社を設立し，C社はA社の完全子会社となった。

X4期首

B社はC社を吸収合併し，対価として株式を交付した。その結果，A社はB社の発行する株式の75%を所有することとなった。

X4期末

A社はE社とともに，共同新設分割によりD社を設立し，共同支配に係る契約を締結した。その結果，A社はD社の発行する株式の40%，E社はD社の発行する株式の60%を所有することとなった。

X5期末

E社はB社に，D社の発行する株式の15%を時価により売却し，現金を受け取ることで，共同支配事業から撤退した。その結果，D社はA社の子会社となった。

〔資料Ⅱ〕　留意事項

1. 期末に発生したのれんは翌期より，期首に発生したのれんは発生年度より５年間で毎期均等額を償却する。
2. 諸資産の簿価と時価の差は土地による。
3. 配当および税効果は考慮しない。

〔資料Ⅲ〕　事業分離に係る情報（単位：千円）

	諸資産の簿価	諸資産の時価	事業の時価
A社の移転事業	800,000	940,000	980,000

〔資料Ⅳ〕　共同新設分割に係る情報（単位：千円）

	諸資産の簿価	諸資産の時価	事業の時価
A社の移転事業	820,000	880,000	960,000
E社の移転事業	1,180,000	1,340,000	1,440,000

〔資料Ⅴ〕　B社の貸借対照表等に係る情報（単位：千円）

	諸資産の簿価	諸資産の時価	資本金	利益剰余金	会社の時価
X1期末（譲受前）	340,000	400,000	300,000	40,000	420,000
X2期末	1,200,000	1,400,000	1,100,000	100,000	1,440,000
X3期末	1,280,000	1,540,000	1,100,000	180,000	1,600,000
X4期末	1,520,000	1,800,000	1,320,000	200,000	1,840,000
X5期末	1,560,000	1,880,000	1,320,000	240,000	1,960,000
X6期末	1,580,000	1,900,000	1,320,000	260,000	1,980,000

〔資料Ⅵ〕　C社の貸借対照表等に係る情報（単位：千円）

	諸資産の簿価	諸資産の時価	資本金	利益剰余金	会社の時価
X2期末	200,000	200,000	200,000	0	200,000
X3期末	220,000	260,000	200,000	20,000	320,000

〔資料Ⅶ〕　D社の貸借対照表等に係る情報（単位：千円）

	諸資産の簿価	諸資産の時価	資本金	利益剰余金	会社の時価
X4期末（移転後）	2,000,000	2,220,000	2,000,000	0	2,400,000
X5期末	2,700,000	2,880,000	2,000,000	700,000	3,000,000
X6期末	2,860,000	3,100,000	2,000,000	860,000	3,200,000

| 問題1 | X1期末のＡ社連結財務諸表に計上される事業分離に係るのれんの金額を答えなさい。 |

| 問題2 | X4期末のＡ社個別財務諸表に計上されるＢ社株式の金額を答えなさい。 |

| 問題3 | X4期末のＡ社連結財務諸表に計上される吸収合併に係る資本剰余金の金額を答えなさい。 |

| 問題4 | X4期末のＡ社連結財務諸表に計上される共同新設分割に係る持分変動利益の金額を答えなさい。 |

| 問題5 | X5期末のＡ社連結財務諸表に計上される段階取得に係る差益の金額を答えなさい。 |

| 問題6 | X6期末のＡ社連結財務諸表に計上される非支配株主に帰属する当期純利益の金額を答えなさい。 |

| 問題7 | X6期末のＡ社連結財務諸表に計上されるのれんの金額を答えなさい。 |

【ＭＥＭＯ】

【解　答】（単位：千円）

問題1	14,000	問題2	1,000,000	問題3	12,000
問題4	84,000	問題5	24,000	問題6	82,100
問題7	52,800				

【採点基準】

　4点×7箇所＝28点

【解答時間及び得点】

	日　付	解答時間	得　点	ＭＥＭＯ
1	／	分	点	
2	／	分	点	
3	／	分	点	
4	／	分	点	
5	／	分	点	

【チェック・ポイント】

出題分野	出題論点	日　付				
		／	／	／	／	／
連結財務諸表	持分法から連結への移行					
間接所有	直接所有＋間接所有					
事業分離	受取対価が株式の場合（親会社→新規子会社）					
共同支配企業の形成	共同新設分割					
結合当事企業の株主に係る会計処理	合併対価が株式の場合（被結合企業子会社, 結合企業子会社）					

【解答への道】（単位：千円）

Ⅰ．企業結合の概要

1．X1期末（事業分離）

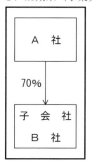

2．X2期末（設立）

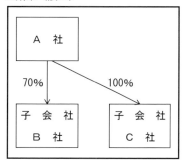

3．X4期首（吸収合併）

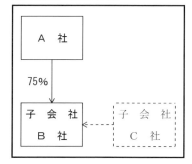

4．X4期末（共同新設分割）

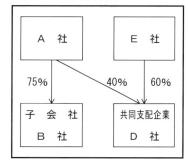

5．X5期末（間接所有）

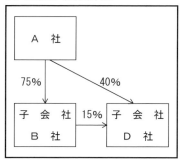

Ⅱ．X1期末（事業分離）

1．事業分離後，持分比率の算定

	分離前	分離後
Ｂ　社	0 ％ $\xrightarrow{+60\%}$	60％
事　業	100％ $\xrightarrow{\triangle 40\%}$	60％

2．個別財務諸表上の処理

(1) Ａ　社（投資の継続）

(借)　Ｂ　社　株　式　800,000	(貸)　諸　資　産　800,000(*1)

(*1)　移転事業の簿価

(注)　分離元企業（A社）が受け取った分離先企業（B社）の株式の取得原価は「移転した事業に係る株主資本相当額」に基づいて算定する。したがって，移転損益は認識しない。

(2) Ｂ　社（逆取得）

(借)　諸　資　産　800,000(*1)	(貸)　資　本　金　800,000

(注)　B社は事業分離により事業を取得し株式を交付しており，A社のB社持分比率が70％となる。当該事業分離により株式を交付したB社ではなく実質的にA社が取得した結果となるため（逆取得），個別上，移転する資産及び負債は，原則として「移転前に付された適正な帳簿価額」により計上する。

3．連結財務諸表上の処理（Ｂ社に係る連結修正仕訳等）

(1) 評価差額の計上

(借)	諸	資	産	60,000(*1)	(貸)	評	価	差	額	60,000

(*1)　時価400,000－簿価340,000＝60,000

(2) タイム・テーブル

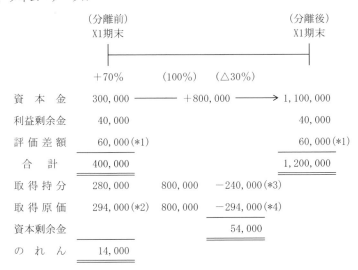

（分離前）　　　　　　　　　　　　　　（分離後）
X1期末　　　　　　　　　　　　　　　X1期末

＋70%　　　　（100%）　　（△30%）

資 本 金	300,000	＋800,000 →	1,100,000	
利益剰余金	40,000		40,000	
評 価 差 額	60,000(*1)		60,000(*1)	
合 計	400,000		1,200,000	
取 得 持 分	280,000	800,000　－240,000(*3)		
取 得 原 価	294,000(*2)	800,000　－294,000(*4)		
資本剰余金		54,000		
の れ ん	14,000			

(*2)　Ｂ社の事業分離直前の時価420,000×Ａ社取得比率70%＝みなし投資額294,000

(*3)　移転事業の株主資本相当額800,000×移転事業に係るＡ社持分減少比率30%＝240,000

(*4)　移転事業の事業分離直前の時価980,000×移転事業に係るＡ社持分減少比率30%＝294,000

(3) 連結財務諸表作成のための連結修正仕訳

① 投資と資本の相殺消去（Ｂ社にパーチェス法を適用，　問題1　の解答）

(借)	資	本	金	300,000	(貸)	Ｂ 社 株 式	294,000(*2)
	利 益 剰 余 金			40,000		非 支 配 株 主 持 分	120,000(*5)
	評 価 差 額			60,000(*1)			
	の れ ん			14,000			

(*5)　分離前T/T 資本合計400,000×非支配株主持分比率30%＝120,000

(注)　「分離先企業（Ｂ社）に対して投資したとみなされる額」と，これに対応する「分離先企業（Ｂ社）
　　　の事業分離直前の資本」との差額は「のれん」とする。

② 移転事業に係る投資と資本の相殺消去

(借) 資 本 金	800,000	(貸) B 社 株 式	506,000(*6)
		非 支 配 株 主 持 分	240,000(*3)
		資 本 剰 余 金	54,000(*7)

(*6) B社株式取得原価800,000－みなし投資額294,000(*2)＝506,000

(*7) みなし移転事業額294,000(*4)－移転事業に係るA社持分減少額240,000(*3)＝54,000

又は，（移転事業の事業分離直前の時価980,000－移転事業の株主資本相当額800,000）

×移転事業に係るA社持分減少比率30％＝54,000

(注) 「みなし移転事業額(*4)」は「分離先企業に対するみなし投資額(*2)」と同額となる。

(注) 「分離元企業（A社）の事業が移転されたとみなされる額」と「移転した事業に係る分離元企業（A社）の持分減少額」との差額は「資本剰余金」とする。

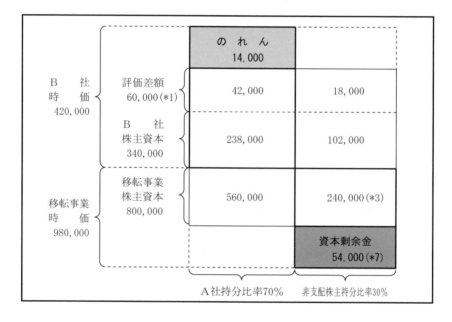

Ⅲ．X2期末（C社の設立）

1．個別財務諸表上の処理

(1) A 社

| (借) | C 社 株 式 | 200,000(*1) | (貸) | 諸 資 産 | 200,000 |

(*1) C社B/S 資本金より

(2) C 社

| (借) | 諸 資 産 | 200,000 | (貸) | 資 本 金 | 200,000(*1) |

2．連結財務諸表上の処理（C社に係る連結修正仕訳等）

(1) タイム・テーブル

	X2期末
	+100%
資 本 金	200,000
利益剰余金	0
合 計	200,000
取 得 持 分	200,000
取 得 原 価	200,000
の れ ん	0

(2) 投資と資本の相殺消去

| (借) | 資 本 金 | 200,000 | (貸) | C 社 株 式 | 200,000 |

Ⅳ．X4期首（吸収合併・対価株式・被結合企業子会社・結合企業子会社）

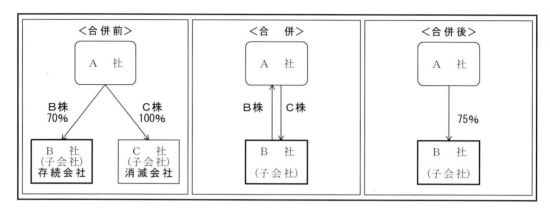

1．事業分離後持分比率の算定

	合併前	合併後
Ｂ 社	70% $\xrightarrow{+5\%}$ 75%	
Ｃ 社	100% $\xrightarrow{\triangle25\%}$ 75%	

2．個別財務諸表上の処理

（1）Ａ　社

（借）Ｂ　社　株　式	200,000(*1)	（貸）Ｃ　社　株　式	200,000

（*1）　C社株式簿価

（注）　A社（被結合企業C社の株主）が受け取った結合企業（B社）の株式の取得原価は，引き換えられた被結合企業（C社）の株式に係る企業結合日直前の「適正な帳簿価額」に基づいて算定する。したがって，交換損益は認識しない。

◎　X4期末のA社個別F/S に計上されるB社株式（　問題2　の解答）：1,000,000(*2)

（*2）　X1期末事業分離800,000＋X4期首吸収合併200,000(*1)＝1,000,000

（2）Ｂ　社（共通支配下の取引）

（借）諸　　資　　産	220,000(*3)	（貸）資　　　本　　　金	220,000(*4)

（*3）　C社における簿価

（*4）　資本金200,000＋利益剰余金20,000＝C社株主資本220,000

（注）　吸収合併存続会社（B社）は，受け入れた資産及び負債を合併期日の前日における吸収合併消滅会社（C社）の「適正な帳簿価額」により計上する。新株を発行した場合には，吸収合併消滅会社（C社）の合併期日の前日の「適正な帳簿価額による株主資本の額」を「資本金又は資本剰余金」として処理する。

3．連結財務諸表上の処理

(1) C　社（吸収合併消滅会社）

① タイム・テーブル

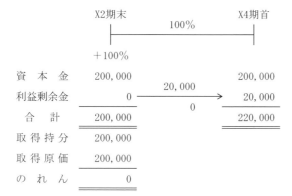

	X2期末		X4期首
		100%	
	+100%		
資　本　金	200,000		200,000
利益剰余金	0	20,000 →	20,000
		0	
合　　計	200,000		220,000
取 得 持 分	200,000		
取 得 原 価	200,000		
の れ ん	0		

② 開始仕訳

（借）資　本　金	200,000	（貸）C　社　株　式	200,000

③ 開始仕訳の振戻

（借）C　社　株　式	200,000	（貸）資　本　金	200,000

（注） 合併前においては，貸借対照表を連結することを前提として修正・相殺消去を行ってきたが，合併に伴い，これを取り消す。

(2) B　社（吸収合併存続会社）

① 評価差額の計上

（借）諸　資　産	60,000	（貸）評　価　差　額	60,000

② タイム・テーブル

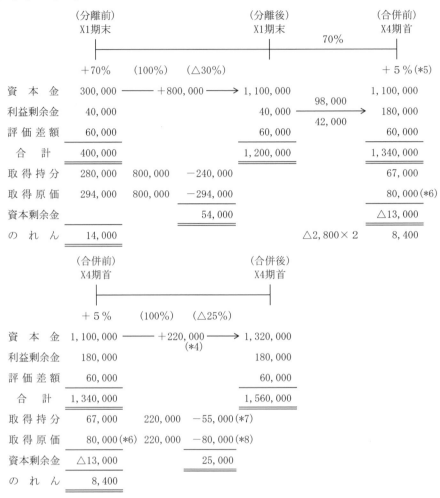

(*5)　合併後75％－合併前70％＝5％

(*6)　B社時価1,600,000×A社追加取得比率5％(*5)＝B社に対するみなし投資額80,000

(*7)　C社株主資本220,000(*4)×C社に係るA社持分減少比率25％＝55,000

(*8)　C社時価320,000×C社に係るA社持分減少比率25％

　　　　　　　　　　　　　　　　　　　　＝C社に対する持分が交換されたとみなされる額80,000

(注)　「被結合企業（C社）に対する持分が交換されたとみなされる額(*8)」は，「結合企業（B社）に対するみなし投資額(*6)」と同額となる。

(注)　「被結合企業（C社）に対する持分が交換されたとみなされる額(*8)」と「被結合企業（C社）に係るA社の持分減少額(*7)」との差額は「資本剰余金」とする。

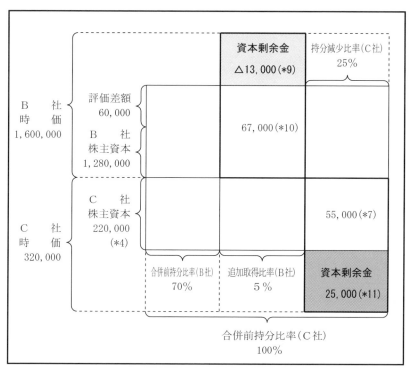

(*9) みなし投資額80,000(*6)－A社持分増加額67,000(*10)＝13,000

(*10) T/T 資本合計1,340,000×A社追加取得比率5％(*5)＝67,000

(*11) 80,000(*8)－C社に係るA社持分減少額55,000(*7)＝25,000

　　　　又は，（C社時価320,000－C社株主資本220,000(*4)）×C社に係るA社持分減少比率25％＝25,000

③　開始仕訳

(借)	資　　　本　　　金	1,100,000	(貸)	B　　社　　株　　式	800,000
	利　益　剰　余　金	87,600(*12)		資　本　剰　余　金	54,000(*13)
	評　　価　　差　　額	60,000		非支配株主持分	402,000(*14)
	の　　　れ　　　ん	8,400			

(*12)　支配獲得時利益剰余金40,000＋42,000＋のれん償却額(2,800×2年)＝87,600

又は，X3期末利益剰余金180,000－{98,000－のれん償却額(2,800×2年)}＝87,600

(*13)　X1期末の事業分離に係る分

(*14)　T/T 資本合計1,340,000×非支配株主持分比率30%＝402,000

④　C社のA社に係る支配獲得後利益剰余金の引継

| (借) | B　　社　　株　　式 | 20,000 | (貸) | 利　益　剰　余　金 | 20,000(*15) |

(*15)　C社の支配獲得後利益剰余金のうちA社持分

⑤　合併に係る追加取得（ 問題3 の解答）

| (借) | 資　　　本　　　金 | 220,000(*4) | (貸) | B　　社　　株　　式 | 220,000(*16) |
| | 非支配株主持分 | 12,000(*17) | | **資　本　剰　余　金** | **12,000(*18)** |

(*16)　220,000(*4)×C社に係るA社持分比率100%＝220,000

(*17)　合併前T/T 資本合計1,340,000×合併前非支配株主持分比率30%

　　　　　　　　－合併後T/T 資本合計1,560,000×合併後非支配株主持分比率25%＝12,000

(*18)　A社持分増加額67,000(*10)－55,000(*7)＝12,000

(注)　上記仕訳は以下のように分解して考えてもよい。

ⅰ　追加取得（5%取得）

| (借) | 非支配株主持分 | 67,000(*10) | (貸) | B　　社　　株　　式 | 80,000(*6) |
| | 資　本　剰　余　金 | 13,000(*9) | | | |

(注)　非支配株主との取引として子会社株式の追加取得の処理を行う。

ⅱ　投資と資本の相殺消去

(借)	資　　　本　　　金	220,000(*4)	(貸)	B　　社　　株　　式	140,000(*19)
				非支配株主持分	55,000(*20)
				資　本　剰　余　金	25,000(*11)

(*19)　(200,000(*1)＋C社T/T 20,000)－80,000(*6)＝140,000

(*20)　C社株主資本220,000(*4)×非支配株主持分比率25%＝55,000

Ⅴ．X4期末（共同新設分割による共同支配企業の形成）

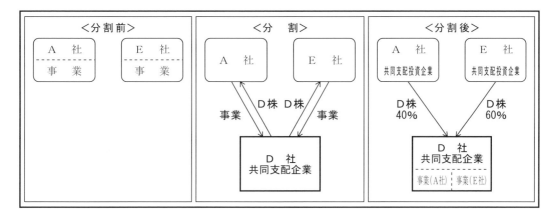

1．共同新設分割後持分比率の算定

A 社	分割前	分割後
E社事業	0 ％	＋40％ → 40％
A社事業	100％	△60％ → 40％

2．A社及びE社（共同支配投資企業）の個別財務諸表上の処理

(1) A 社

(借) D 社 株 式	820,000(*1)	(貸) 諸 資 産	820,000

(*1) 移転した事業に係る株主資本相当額

(注) 移転した事業に係る株主資本相当額に基づいて，新設分割設立会社に対する投資（共同支配企業株式）の取得原価を算定する。したがって，個別財務諸表上，交換損益は認識されない。

(2) E 社

(借) D 社 株 式	1,180,000(*1)	(貸) 諸 資 産	1,180,000

3．D社（共同支配企業）の個別財務諸表上の処理

(借) 諸 資 産	820,000(*1)	(貸) 資 本 金	820,000
(借) 諸 資 産	1,180,000(*1)	(貸) 資 本 金	1,180,000

(*1) 簿価

(注) 新設分割設立会社（共同支配企業D社）は，移転された資産及び負債を分割期日の前日の適正な帳簿価額により計上する。新株を発行した場合には，移転事業に係る株主資本相当額を「資本金又は資本剰余金」として処理する。

4．A社連結財務諸表上の処理（D社）

(1) E社が移転した事業の時価評価

(借) 諸 資 産	64,000(*1)	(貸) 評 価 差 額 64,000

(*1) （時価1,340,000－簿価1,180,000）×A社取得比率40％＝64,000

(注) D社を連結するわけではないが，説明の便宜のため仕訳を示す。

(2) タイム・テーブル

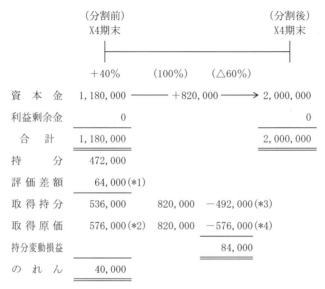

	（分割前）X4期末			（分割後）X4期末
		+40％	(100％) (△60％)	
資 本 金	1,180,000	――→ +820,000 ――→		2,000,000
利益剰余金	0			0
合 計	1,180,000			2,000,000
持 分	472,000			
評 価 差 額	64,000(*1)			
取 得 持 分	536,000	820,000	−492,000(*3)	
取 得 原 価	576,000(*2)	820,000	−576,000(*4)	
持分変動損益			84,000	
の れ ん	40,000			

(*2) E社が移転した事業の時価1,440,000×A社取得比率40％

＝E社が移転した事業に対するみなし投資額576,000

(*3) A社が移転した事業の株主資本相当額820,000×A社持分減少比率60％＝492,000

(*4) A社が移転した事業の時価960,000×A社持分減少比率60％

＝A社が移転した事業のみなし移転事業額576,000

(注) A社が移転した事業のみなし移転事業額(*4)は，E社が移転した事業に対するみなし投資額(*2)と同額となる。

(3) D社株式40%取得

仕　訳　な　し

(4) 持分変動損益の認識（ 問題4 の解答）

（借）D　社　株　式	84,000	（貸）持　分　変　動　利　益	84,000（*5）

（*5）　A社が移転した事業のみなし移転事業額576,000（*4）

　　　　　　　　－A社が移転した事業に係るA社持分減少額492,000（*3）＝84,000

　　又は，（A社が移転した事業の時価960,000

　　　　　　　　－A社が移転した事業の株主資本相当額820,000）×A社持分減少比率60%＝84,000

（注）　A社が移転した事業に係るA社持分60%の減少により生じた差額を「持分変動損益」として認識する。

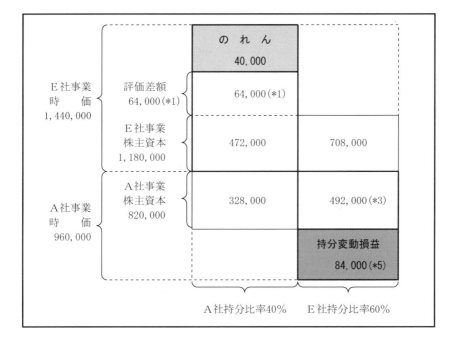

VI. X5期末（持分法から連結への移行，間接所有）

1．個別財務諸表上の処理（B社）

（借）D 社 株 式	450,000	（貸）諸　　資　　産 （現　　　　　金）	450,000（*1）

（*1）　D社時価3,000,000×15％＝450,000

2．A社連結財務諸表上の処理（D社）

(1) 評価差額の計上

（借）諸　　資　　産	180,000（*2）	（貸）評　価　差　額	180,000

（*2）　時価2,880,000－簿価2,700,000＝180,000

（注）　支配獲得時において時価評価をやり直す。

(2) タイム・テーブル

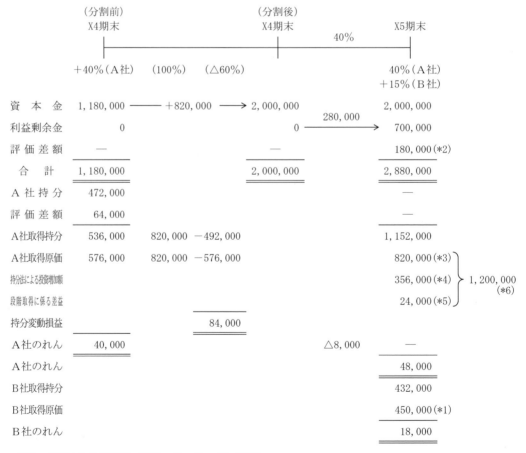

（*3）　個別上の取得原価（前述，Ⅴ．2．(1) 参照）

（*4）　持分変動利益84,000＋投資後利益剰余金のうちA社帰属分280,000－のれん償却額8,000＝356,000

（*5）　1,200,000（*6）－（820,000（*3）＋持分法による投資増加額356,000（*4））＝24,000

（*6）　支配獲得時D社時価3,000,000×A社持分比率40％＝連結上の取得原価1,200,000

(3) 開始仕訳

| (借) | D 社 株 式 | 84,000 | (貸) | 利 益 剰 余 金 | 84,000 |

(4) 当期純利益の認識

| (借) | D 社 株 式 | 280,000 | (貸) | 持分法による投資損益 | 280,000 |

(5) のれんの償却

| (借) | 持分法による投資損益 | 8,000 | (貸) | D 社 株 式 | 8,000 |

(6) 持分法から連結への移行

① D社株式の評価替え（ 問題5 の解答）

| (借) | D 社 株 式 | 24,000(*5) | (貸) | 段 階 取 得 に 係 る 差 益 | 24,000 |

② 連結上の取得原価による投資と資本の相殺消去

(借)	資 本 金	2,000,000(*8)	(貸)	D 社 株 式	1,650,000(*7)
	利 益 剰 余 金	700,000(*8)		非 支 配 株 主 持 分	1,296,000(*9)
	評 価 差 額	180,000(*2)			
	の れ ん	66,000(*10)			

(*7) 450,000(*1)＋1,200,000(*6)＝1,650,000

(*8) D社個別B/S における金額

(*9) T/T 資本合計2,880,000×非支配株主持分比率45％＝1,296,000

(*10) 連結上の取得原価1,650,000(*7)－取得持分1,584,000(*11)＝66,000

(*11) T/T 資本合計2,880,000×（A社40％＋B社15％）＝1,584,000

Ⅶ. X6期

1. 連結財務諸表上の処理

(1) D 社

① 評価差額の計上

| (借) 諸 資 産 | 180,000 | (貸) 評 価 差 額 | 180,000 |

② タイム・テーブル

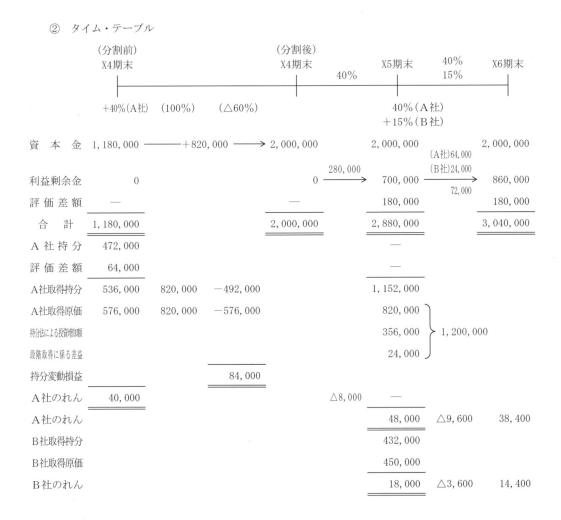

③　開始仕訳

（借）	資　　本　　金	2,000,000	（貸）	D　社　株　式	1,270,000
	利　益　剰　余　金	320,000(*1)		非 支 配 株 主 持 分	1,296,000(*2)
	評　価　差　額	180,000			
	の　　れ　　ん	66,000			

(*1)　X5期末利益剰余金700,000－（持分変動利益84,000＋280,000－のれん償却額8,000

＋段階取得に係る差益24,000）＝320,000

(*2)　T/T 資本合計2,880,000×非支配株主持分比率45％＝1,296,000

④　当期純利益の按分

（借）	非支配株主に帰属する当期純損益	72,000(*3)	（貸）	非 支 配 株 主 持 分	72,000

(*3)　（860,000－700,000）×非支配株主持分比率45％＝72,000

⑤　のれんの償却

（借）	の　れ　ん　償　却　額	13,200(*4)	（貸）	の　　　れ　　　ん	13,200

(*4)　A社のれん9,600＋B社のれん3,600＝13,200

(2)　B　社

① 　評価差額の計上

(借)	諸　　資　　産	60,000	(貸)	評　価　差　額	60,000

② 　タイム・テーブル

	(分離前) X1期末			(分離後) X1期末		(合併前) X4期首
	+70%	(100%)	(△30%)		70%	+5%
資　本　金	300,000	→ +800,000 →		1,100,000		1,100,000
利益剰余金	40,000			40,000	98,000 / 42,000 →	180,000
評　価　差　額	60,000			60,000		60,000
合　　計	400,000			1,200,000		1,340,000
取　得　持　分	280,000	800,000	-240,000			67,000
取　得　原　価	294,000	800,000	-294,000			80,000
資　本　剰　余　金			54,000			△13,000
の　れ　ん	14,000				△2,800×2	8,400

	(合併前) X4期首			(合併後) X4期首		X5期末		X6期末
	+5%	(100%)	(△25%)		75%		75%	
資　本　金	1,100,000	→ +220,000 →		1,320,000		1,320,000		1,320,000
利益剰余金	180,000			180,000	45,000 / 15,000 →	240,000	15,000 / 5,000 →	260,000
評　価　差　額	60,000			60,000		60,000		60,000
孫会社D社影響分	0			0		0	15,300 / 5,100 →	20,400 (*1)
合　　計	1,340,000			1,560,000		1,620,000		1,660,400
取　得　持　分	67,000	220,000	-55,000					
取　得　原　価	80,000	220,000	-80,000					
資　本　剰　余　金	△13,000		25,000					
の　れ　ん	8,400				△2,800×2	2,800	△2,800	0

(*1)　孫会社D社影響分（支配獲得後利益剰余金のB社持分24,000－のれん償却額3,600）＝20,400

③　開始仕訳

(借)	資　　本　　金	1,320,000	(貸)	B　社　株　式	1,020,000
	利　益　剰　余　金	108,200(*2)		資　本　剰　余　金	66,000(*3)
	評　価　差　額	60,000		非 支 配 株 主 持 分	405,000(*4)
	の　　れ　　ん	2,800			

(*2)　支配獲得時利益剰余金40,000＋42,000＋15,000＋のれん償却額(2,800×4年)＝108,200

　　　　又は，X5期末利益剰余金240,000－{98,000＋45,000－のれん償却額(2,800×4年)}＝108,200

(*3)　X1期末の事業分離に係る分54,000＋X4期首の合併に係る分(△13,000＋25,000)＝66,000

(*4)　T/T 資本合計1,620,000×非支配株主持分比率25％＝405,000

④　当期純利益の按分

(借)	非支配株主に帰属する当期純損益	10,100(*5)	(貸)	非 支 配 株 主 持 分	10,100

(*5)　{B社当期純利益(260,000－240,000)＋孫会社D社影響分20,400(*1)}

　　　　　　　　　　　　　　　　　　　　　　　　　　　　　　×非支配株主持分比率25％＝10,100

　　　　又は，T/T より5,000＋5,100＝10,100

◎　X6期末のA社連結F/S に計上される非支配株主に帰属する当期純利益(　問題6　の解答)：

　　　　　　　　　　　　　　　　　　　　　　　　　　　　　　　　　　　　82,100(*6)

(*6)　D社72,000＋B社10,100(*5)＝82,100

⑤　のれんの償却

(借)	の　れ　ん　償　却　額	2,800	(貸)	の　　れ　　ん	2,800

◎　X6期末のA社連結F/S に計上されるのれん(　問題7　の解答)：52,800(*7)

(*7)　D社T/T(38,400＋14,400)＝52,800

【MEMO】

公認会計士　新トレーニング シリーズ

財務会計論 計算編7　企業結合会計編　第3版

2013年6月10日　初　版　第1刷発行
2021年3月20日　第3版　第1刷発行

編 著 者	ＴＡＣ株式会社	
	（公認会計士講座）	
発 行 者	多　田　敏　男	
発 行 所	ＴＡＣ株式会社　出版事業部	
	（ＴＡＣ出版）	

〒101-8383
東京都千代田区神田三崎町3-2-18
電話 03 (5276) 9492 (営業)
FAX 03 (5276) 9674
https://shuppan.tac-school.co.jp

印　　刷	株式会社　ワコープラネット	
製　　本	株式会社　常　川　製　本	

Ⓒ TAC 2021　　　Printed in Japan　　　ISBN 978-4-8132-9644-7
N.D.C. 336

TAC出版 書籍のご案内

TAC出版では、資格の学校TAC各講座の定評ある執筆陣による資格試験の参考書をはじめ、資格取得者の開業法や仕事術、実務書、ビジネス書、一般書などを発行しています!

TAC出版の書籍

*一部書籍は、早稲田経営出版のブランドにて刊行しております。

資格・検定試験の受験対策書籍

- ✪日商簿記検定
- ✪建設業経理士
- ✪全経簿記上級
- ✪税 理 士
- ✪公認会計士
- ✪社会保険労務士
- ✪中小企業診断士

- ✪証券アナリスト
- ✪ファイナンシャルプランナー(FP)
- ✪証券外務員
- ✪貸金業務取扱主任者
- ✪不動産鑑定士
- ✪宅地建物取引士
- ✪マンション管理士

- ✪管理業務主任者
- ✪司法書士
- ✪行政書士
- ✪司法試験
- ✪弁理士
- ✪公務員試験(大卒程度・高卒者)
- ✪情報処理試験
- ✪介護福祉士
- ✪ケアマネジャー
- ✪社会福祉士　ほか

実務書・ビジネス書

- ✪会計実務、税法、税務、経理
- ✪総務、労務、人事
- ✪ビジネススキル、マナー、就職、自己啓発
- ✪資格取得者の開業法、仕事術、営業術
- ✪翻訳書 (T's BUSINESS DESIGN)

一般書・エンタメ書

- ✪エッセイ、コラム
- ✪スポーツ
- ✪旅行ガイド (おとな旅プレミアム)
- ✪翻訳小説 (BLOOM COLLECTION)

公認会計士試験対策書籍のご案内

TAC出版では、独学用およびスクール学習の副教材として、各種対策書籍を取り揃えています。
学習の各段階に対応していますので、あなたのステップに応じて、合格に向けてご活用ください!

短答式試験対策

・財務会計論【計算問題編】
・財務会計論【理論問題編】
・管理会計論
・監査論
・企業法

『ベーシック問題集』
シリーズ A5判
● 短答式試験対策を本格的に
始めた方向け、苦手論点の
克服、直前期の再確認に最適!

・財務会計論【計算問題編】
・財務会計論【理論問題編】
・監査論
・企業法

『アドバンスト問題集』
シリーズ A5判
● 『ベーシック問題集』の上級編。
より本試験レベルに対応して
います

論文式試験対策

『財務会計論会計基準
早まくり条文別問題集』
B6変型判
● ○×式の一問一答で会計基準を
早まくり
◎ 論文式試験対策にも使えます

・財務会計論【計算編】
・管理会計論

『新トレーニング』
シリーズ B5判
● 基本的な出題パターンを
網羅。効率的な解法による
総合問題の解き方を
身に付けられます!
◎ 各巻数は、TAC公認会計士
講座のカリキュラムにより
変動します
◎ 管理会計論は、短答式試験
対策にも使えます

過去問題集

『短答式試験 過去問題集』
『論文式試験必修科目 過去問題集』
『論文式試験選択科目 過去問題集』
A5判
● 直近3回分の問題を、ほぼ本試験形式で再現。
TAC講師陣による的確な解説付き

企業法対策

公認会計士試験の中で毛色の異なる法律科目に対して苦手意識のある方向け。
弱点強化、効率学習のためのラインナップです

入 門

『はじめての会社法』

A5判　田﨑 晴久 著

● 法律の知識ゼロの人でも、
これ1冊で会社法の基礎が
わかる!

短答式試験対策

『企業法早まくり肢別問題集』

B6変型判　田﨑 晴久 著

● 本試験問題を肢別に分解、整理。
簡潔な一問一答式で合格に必要な知識を網羅!

・2020年4月現在・刊行内容、装丁等は変更になることがあります
・とくに記述がある商品以外は、TAC公認会計士講座編です

書籍の正誤についてのお問合わせ

万一誤りと疑われる箇所がございましたら、以下の方法にてご確認いただきますよう、お願いいたします。

なお、正誤のお問合わせ以外の書籍内容に関する解説・受験指導等は、**一切行っておりません。**
そのようなお問合わせにつきましては、お答えいたしかねますので、あらかじめご了承ください。

1 正誤表の確認方法

TAC出版書籍販売サイト「Cyber Book Store」の
トップページ内「正誤表」コーナーにて、正誤表をご確認ください。

URL:https://bookstore.tac-school.co.jp/

2 正誤のお問合わせ方法

正誤表がない場合、あるいは該当箇所が掲載されていない場合は、書名、発行年月日、お客様のお名前、ご連絡先を明記の上、下記の方法でお問合わせください。
なお、回答までに1週間前後を要する場合もございます。あらかじめご了承ください。

文書にて問合わせる

● 郵 送 先　〒101-8383 東京都千代田区神田三崎町3-2-18
　　　　　　TAC株式会社 出版事業部 正誤問合わせ係

FAXにて問合わせる

● FAX番号　**03-5276-9674**

e-mailにて問合わせる

● お問合わせ先アドレス　**syuppan-h@tac-school.co.jp**

※お電話でのお問合わせは、お受けできません。また、土日祝日はお問合わせ対応をおこなっておりません。
※正誤のお問合わせ対応は、該当書籍の改訂版刊行月末日までといたします。

乱丁・落丁による交換は、該当書籍の改訂版刊行月末日までといたします。なお、書籍の在庫状況等により、お受けできない場合もございます。
また、各種本試験の実施の延期、中止を理由とした本書の返品はお受けいたしません。返金もいたしかねますので、あらかじめご了承くださいますようお願い申し上げます。

答案用紙

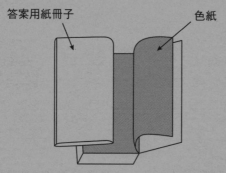

答案用紙冊子　　　　　　色紙

①答案用紙冊子を抜き取る

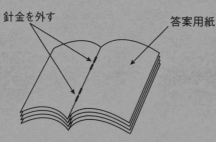

針金を外す　　　　　　　答案用紙

②抜き取った答案用紙冊子を
　開き，針金を外す

───〈答案用紙ご利用時の注意〉───

　　以下の「答案用紙」は，この色紙を残したま
まていねいに抜き取り，綴込の針金をはずし
てご利用ください。なお，針金をはずす際は素
手ではなく，ドライバー等の器具を必ずご使用
ください。
　　また，抜取りの際の損傷についてのお取替
えはご遠慮願います。

＊ご自分の学習進度に合わせて，コピーしてお使いください。
　なお，答案用紙は，ダウンロードサービスもご利用いただけます。
　ＴＡＣ出版書籍販売サイト・サイバーブックストアにアクセスしてく
　ださい。
　https://bookstore.tac-school.co.jp/

TAC出版
TAC PUBLISHING Group

新トレーニングシリーズ

財務会計論 計算編7 〈企業結合会計編〉

別 冊 答 案 用 紙

目 次

問題 1　企業結合・事業分離①

得点　　点

（注）　「△」等の符号は付さないこと。

問題 1

（単位：千円）

問 1

①	②	③	④

問 2

①	②	③	④

問題 2

（単位：千円）

問 1

①	②	③	④

問 2

①	②	③	④

問題4

問1

ア	イ		ウ	エ	
オ	カ				

問2

キ	ク		ケ	コ	
サ	シ		ス	セ	

問3

ソ	タ		チ	ツ	
テ					

問題2　企業結合・事業分離②

得点　点

①	②	③	④
⑤	⑥	⑦	⑧
⑨	⑩	⑪	⑫
⑬	⑭	⑮	⑯
⑰	⑱	⑲	⑳

問題 ③ 企業結合・事業分離 ③

得点

点

問題 1

問 1

①		②		③	④	

問 2

①		②		③	④	

問題 2

問 1

①		②	

問 2

問題4 企業結合・事業分離④

得点　　　点

問題1

問1

	百万円

問2

①	百万円	②	百万円

問3

(1)	①	百万円	②	百万円	③	百万円

(2)	①	百万円	②	百万円

問 題 5

短答形式総合問題

得 点 | 点

（単位：千円）

問題1

問題2

問題3

問題4

問題5

問題6

問題7

問題 2

（単位：千円）

問 1

問 2	①	②	③	④
	⑤	⑥	⑦	

問 3	①	②	③	④
	⑤			

④ 　　　　　　　　百万円

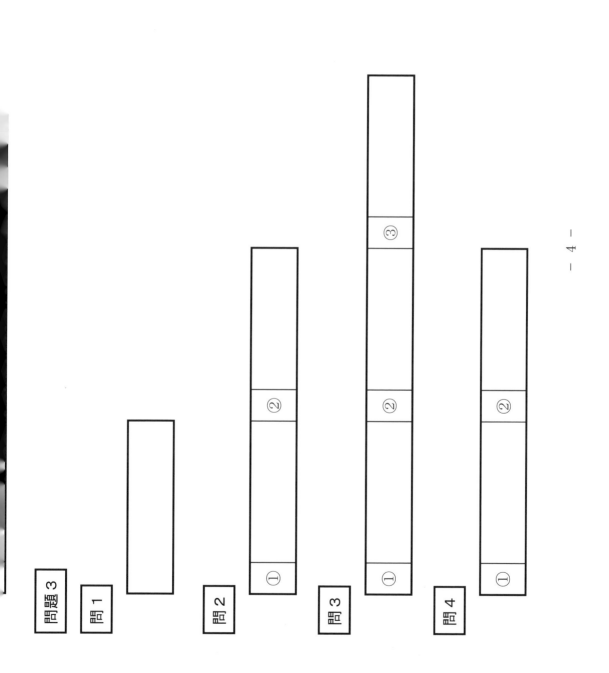

問題3

問1

問2 ① ②

問3 ① ② ③

問4 ① ②

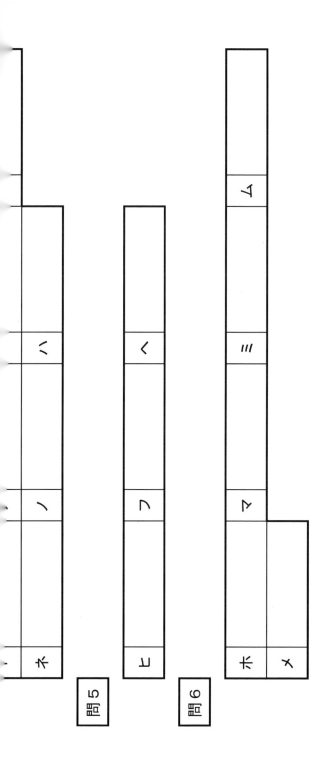

問5

問6

問題3

問1

① | ② | ③ | ④

問2

① | ② | ③ | ④
⑤

問題3

(単位：千円)

問4

① | ② | ③ | ④
⑤ | ⑥

① | ② | ③